『通古察今』系列丛书

中国史学史研究导论

周文玖 著

河南人民出版社

图书在版编目(CIP)数据

中国史学史研究导论 / 周文玖著. — 郑州 : 河南人民出版社, 2020. 11(2024. 1重印)
("通古察今"系列丛书)
ISBN 978 - 7 - 215 - 12523 - 0

Ⅰ. ①中… Ⅱ. ①周… Ⅲ. ①史学史 - 研究 - 中国 Ⅳ. ①K092

中国版本图书馆 CIP 数据核字(2020)第 194953 号

河南人民出版社 出版发行
(地址:郑州市郑东新区祥盛街27号 邮政编码:450016 电话:65788077)
新华书店经销   永清县晔盛亚胶印有限公司印刷
开本 787 毫米×1092 毫米   1/32   印张 5.625
字数 83 千字
2020 年 11 月第 1 版   2024 年 1 月第 2 次印刷

定价:52.00 元

"通古察今"系列丛书编辑委员会

序　言

　　在北京师范大学的百余年发展历程中，历史学科始终占有重要地位。经过几代人的不懈努力，今天的北京师范大学历史学院业已成为史学研究的重要基地，是国家首批博士学位一级学科授予权单位，拥有国家重点学科、博士后流动站、教育部人文社会科学重点研究基地等一系列学术平台，综合实力居全国高校历史学科前列。目前被列入国家一流大学一流学科建设行列，正在向世界一流学科迈进。在教学方面，历史学院的课程改革、教材编纂、教书育人，都取得了显著的成绩，曾荣获国家教学改革成果一等奖。在科学研究方面，同样取得了令人瞩目的成就，在出版了由白寿彝教授任总主编、被学术界誉为"20世纪中国史学的压轴之作"的多卷本《中国通史》后，一批底蕴深厚、质量高超的学术论著相继问世，如八卷本《中国文化发展史》、二十卷本"中国古代社会和政治研究丛书"、三卷本《清代理学史》、五卷本《历史文化认同与中国统一多民族国家》、二十三卷本《陈垣全集》，以及《历史视野下的中华民族精神》《中西古代历史、史学与理论比较研究》《上博简〈诗论〉研究》等，这些著作皆声誉卓著，在学界产生较大影响，得到同行普遍好评。

除上述著作外，历史学院的教师们潜心学术，以探索精神攻关，又陆续取得了众多具有原创性的成果，在历史学各分支学科的研究上连创佳绩，始终处在学科前沿。为了集中展示历史学院的这些探索性成果，我们组织编写了这套"通古察今"系列丛书。丛书所收著作多以问题为导向，集中解决古今中外历史上值得关注的重要学术问题，篇幅虽小，然问题意识明显，学术视野尤为开阔。希冀它的出版，在促进北京师范大学历史学科更好发展的同时，为学术界乃至全社会贡献一批真正立得住的学术佳作。

当然，作为探索性的系列丛书，不成熟乃至疏漏之处在所难免，还望学界同人不吝赐教。

北京师范大学历史学院
北京师范大学史学理论与史学史研究中心
北京师范大学"通古察今"系列丛书编辑委员会
2019 年 1 月

目　录

前　言

　　随着信息技术和互联网的普及和高速发展，数字化课程建设受到越来越多的关注和重视。本书是在本人为制作慕课（MOOC）"中国史学史研究导论"所写讲稿的基础上形成的。著述与讲述不同。讲述要注意口头表达顺畅、易懂，著述则要求文字表达准确、规范。本书尽量达到著述的要求，但有些文字仍不可避免地保留讲述的特点。

　　"中国史学史研究导论"是北京师范大学历史学院为史学理论及中国史学史专业研究生开设的一门基础课程，目的是使他们尽快掌握中国史学史学科的基本理论、研究方法以及中国史学发展的基本线索，介绍最新的学术成果和研究动态，为他们尽快进入中国史学史的专业研究打下必备的基础。本课程内容既有前沿性，又为初入史学史专业之门的学生（如跨专业考进来的研究生）提供必要的知识。开课以来取得很好的教学效果，受到学生欢迎。北京师范大学研究生院2017年把它作为第一批"优质课程资源项目"进行数字化建设。项目完成后，于2018年在中国大学网等平台上线，得到其他高校师生和社会上史学爱好者的积极评价。本人不揣谫陋，将讲稿稍事整理，以期能对更多朋友在认识和学习中国史学史时提供帮助。

在世界文明古国中，中国是唯一没有出现文明断裂的国家。之所以如此，与中国很早就重视历史记述、史学的发展从未中断是分不开的。正是由于中国史学有这样的特点，所以中国的史学遗产异常丰富。史学的发达，是一个民族、一个国家创造历史高度自觉的反映。从历史以传说的形式出现到有意识地记载历史，这是人类文明的一次飞跃；从有意识地记载历史到思考如何记载历史、记载历史的作用和价值，进而形成一定的理论形态，这是人类文明的再一次飞跃。中国史学史学科就是在后一种飞跃的基础上于史学现代转型的过程中诞生的。它既是史学高度发展的产物，也是中国史学实现现代转型的标志之一。

　　中国史学史学科的建设是从 20 世纪 20 年代开始的，民国时期得到初步发展，新中国成立之后又历经沉寂，60 年代在唯物史观指导下重新建设，但在"文革"中受到严重干扰，陷于停滞。直到改革开放以后，史学史的教学和研究才获得长足的发展。关于史学史学科在历史学课程体系中的重要性，这门学科的开创者们早就作了比较明确的论述，但实际上，在相当长的时间段里，无论是开课的学校数量，还是师生对该课的重视程度，都无法与其他专业的类似课程相提并论。出现这种状况的原因，除了客观的社会环境，还与这门学科的性质、难度有关。只具备一定的历史知识而没有史学方面的知识，无法进入史学史的奥堂；有一些历史文献学的知识而没有史学理论的见识，同样难以入室探研。在这种情况下，就需要撰著关于这门学科的概论性质的书籍，以为初学者起引导、减难的作用，同时，这也是学科发展走向成熟和专业化应该做的基础性工作。

　　本人长期在素有研究中国史学史传统的北京师范大学史学研究所、历史学院学习和工作，在学术上受白寿彝、吴怀祺、瞿林东等先生的影响和陶炼。书中所述的中国史学史分期观点，遵循白寿彝先生的论述；所总结和归纳的中国史学史学科之理论和方法，也与所受学术训练紧密相关。若有可取之处，尚需感谢前辈先生惠教；而不足之处自然是作者学养局限所致，期望读者和同行不吝指正。

一、中国史学史是一门怎样的学科？

（一）历史、历史学、史学史、中国史学史

"历史"是现代汉语的一个词汇。"历"与"史"合在一起，组成一个词，在中国古代也出现过，但极少。据研究，《三国志·吴书·吴主（权）传》裴注中出现的"历史"是最早的。其中有："吴王浮江万艘，带甲百万，任贤使能，志存经略，虽有余闲，博览书传历史，藉采奇异，不效诸生寻章摘句而已。"[1] 这里的"历史"，意思是历代史书。《南齐书》卷四十《武十七王传·子响传》中，有"二主议加于盛世，积代用之为

---

[1] 陈寿撰，裴松之注：《三国志》卷47《吴主传》，中华书局，1982年版，第1123—1124页。

美，历史不以云非"[1]之语。明代万历时，袁黄（1533—1606，字坤仪，号了凡，浙江嘉善人）有一部书，书名是《历史纲鉴补》。将"历史"两个字用于书名，这是第一次。以上出现的三处"历史"，都是指历代的史书，不是专门的名词，与我们今天经常用的"历史"一词所表达的意思也不相同。"历"的繁体有两种写法（"曆""歷"），分别指历法、经历，与时间、过程有关。"史"在较早的时候是指记事的人。东汉许慎的《说文解字》这样解释"史"："史，记事者也，从中持又。中，正也。"意思是说，史是记事的人，字形是手拿着中。"中"，许慎解释为正直的正。清代人不认同许慎的解释。他们认为，"中"是记事用的简册。手举着简册，表示记事的人。当然，也有把"中"解释为"中旗"，也有解释为"盛算"之器的。还有学者通过研究甲骨文，认为"又"上面的那个字不是"中"，它表示的是打猎的工具。但不管怎样，"史"字与记录所经过的事情有关。"史"比较早的意思是指记事的人。

有人认为，"历史"这个词来自日本，是从日本

---

[1] 萧子显撰：《南齐书》卷40，中华书局，1972年版，第707页。

人的著作中翻译过来的。这个观点，并没有经过严谨详密的论证。日本在明治维新以前，用汉语写作学术著作是很平常的事。这说明明治维新以前的日本学术界受中国影响很大。日本学者在用汉语写作的时候也组合成一些新词汇。任何新词汇的产生都离不开组成该词汇的字的意思。"历"与"史"之所以能够组成"历史"一词，为人们广泛使用，最根本的原因还是"历""史"两个字的意思相近，符合汉语同义重叠的构词习惯。近代以来汉语中的许多词汇都有这个特点，如"语文""音乐""艺术""开创""创造""逃避""斗争"等等，不胜枚举。袁黄的《历史纲鉴补》明治维新前就被翻译到日本，此后，日语中才出现"历史"一词。所以，即使具有现代汉语意义的"历史"一词较早地在日文中出现，也不值得大惊小怪。

在现代汉语中，"历史"一词既指事物过去的发展过程，又指以这个发展过程为对象的主观认识成果。前者是客观的，后者是主观的。在我们的日常生活中，"历史"的这两个意思都在使用。由于二者的密切关系，常常出现混而不分的情况，非常容易产生混淆。因而在学术研究或专业史学领域，需要对"历史"的这两个意思用不同的语汇进行区分，这样，就出现了"历史""历史学"两个概念。"历史学"简称"史学"，是指人们认识客观历史的成果及学问。

需要说明的是，在中国近现代史学的发展历程中，李大钊是最早明确区分"历史""历史学"的学者。他1924年出版的《史学要论》，专门讲"什么是历史""什么是历史学"，有意识地对"历史""历史学"作出区分。

"史学史"指历史学的历史。"中国史学史"指中国历史学的历史。因为"历史"有两个涵义，所以"史学史""中国史学史"也分别包含客观和主观之意。也就是说，"史学史"既指历史学的客观发展过程，又指研究历史学发展过程的史学史学科。"中国史学史"既指中国历史学的客观发展过程，又指研究中国历史学的客观发展过程的"中国史学史学科"。不过，在日常使用中，通常是指史学史学科。

外国也有"史学史"这个词。17世纪出版的《牛津英语辞典》对"史学史"是这样解释的：史学本身也有自己的历史。《苏联百科辞典》有"史学史"词条："历史学科的一个部门，研究史学本身的发展史，包括研究历史知识的积累，阐述历史现象时存在的斗争，历史科学的方法论和流派的演变等。"在外文中，"史学史"的用词并不固定，英文单词"historiography"，有"史学史"的意思，有时又指"史学"、历史著作。"history"既指客观的历史过程（the course of events），又指写作的历史（written history）。所以，"史学史"在西方有人写作"history of history"。如美国新史学派有一学者绍特威尔（J. T. Shotwell），他的书名为: *An Introduction to the History of History*。这书被译作中文，书名是《西洋史学史》。有人写作"a history of historical writing"，美国学者汤普森（Thompson）的书用的是这个书名。他的著作是 *A History of Historical Writing*，中文译作《历史著作史》。还有的写作"development of historiography"，《科利尔百科全书》（*Collier's Encyclopedia*）是这样列的史学史条目。英美出版的几部大型百科全书如《不列颠百科全书》（*Encyclopedia Britannica*）、《新时代百科全书》（*New Age Encyclopedia*）、《美国百科全书》（*Encyclopedia Americana*）等都有许多史学史的条目。这些条目有的是"history"的子目，有的是"historiography"的子目。"historiography"也指历史写作的理论与历史，《不列颠百科全书》中有一句话："The term historiography also refers to the theory and history of historical writing."所以，与中文"史学史"含义最接近的英文单词是"historiography"，而书名则很少直接用它。但不管怎样，"史学史"在西方与历史写作有非常密切的关系。当今，在中国史学界，史学史作为学科名词，包含中国史学史和外国史学史。

（二）中国史学史研究的内容

通过以上对几个学术术语的解释，我们知道中国史学史指的是中国史学的历史。作为一门学科，中国史学史研究的内容是什么呢？这是一个中国史学史学科基础理论的问题。前人在建设中国史学史学科时，对它进行了很多探讨，有不同的答案。答案不同，就会有不同的中国史学史体系。已经出版的中国史学史著作或者教科书，之所以有那么多的不同，就是因为对这个问题有不同的认知。

1926 年至 1927 年间，梁启超先生在清华国学研究院讲《中国历史研究法补编》，内有"史学史的做法"。他说："中国史学史，最少应对于下列各部分特别注意：一、史官，二、史家，三、史学的成立及发展，四、最近史学的趋势。"[1] 这是梁启超规定的中国史学史研究内容。这个内容体系，对 20 世纪前半期的中国史学史著述影响很大，一些著名的中国史学史讲义或著作，都很明显地受到它的影响，如陆懋德的《中国史学史》、卫聚贤的《中国史学史》、金毓黻的《中国史学史》等。

中华人民共和国成立后，在唯物史观的指导下，对中国史学史研究的内容进行重新认识，特别是 20 世纪 60 年代初，掀起了探讨中国史学史学科理论的高潮。这一时期的探讨强调了史学思想的重要性，提出要突破目录解题式的著述范式。20 世纪 80 年代，白寿彝先生在多年探索的基础上，再次提出了他对于中国史学史研究内容的看法。他说："史学史，是指史学发展的客观过程。"中国史学史，是"对于中国史学

---

[1] 梁启超：《饮冰室合集》专集之九十九，中华书局，1989 年版，第 153 页。

发展的过程及其规律的论述"。中国史学史论述的范围，"包括中国史学本身的发展，中国史学在发展中跟其他学科的关系，中国史学在发展中所反映的时代特点，以及中国史学的各种成果在社会上的影响"。[1] 白寿彝先生所说的史学史论述的内容，可以归纳为三部分。第一，中国史学自身的发展历程及其规律性。这是从史学内部的矛盾中认识自身的发展变化。第二，中国史学跟其他学科之间的关系。这已经走出史学自身，从学术背景上探讨史学发展的外部规律。第三，史学跟社会的关系，包括社会对史学的影响和史学对社会的反作用两个方面。这是从史学与社会的对立统一中探讨史学发展的外部规律。史学发展的内部规律和外部规律是相互联系的。任何一部史学著作、一种史学思潮，都不是凭空产生、孤立存在的，都有它产生的学术条件和社会根源，都是在一定的社会需要和它能够产生的社会条件下出现的，并进而对社会产生反作用。而它之所以能对社会产生反作用，就在于它履行史学的职责，具有其他学术不能替代的价值，即史学

---

[1] 白寿彝:《中国史学史》第一册,上海人民出版社,1986年版,第29页。

价值。所以，对史学史的探讨，既要研究史学内部的规律，又要研究史学外部的规律，并注意内部规律与外部规律的关系。只有这样，才能把史学发展过程及规律性完整地反映出来。白寿彝先生对中国史学史研究内容的概述，自成系统，完整全面，对 20 世纪后半期的中国史学史研究影响最大。20 世纪 80 年代以后撰写的中国史学史著作，都明显地受到这一框架的影响和指导。

进入 21 世纪，在总结 20 世纪中国史学史发展经验的基础上，学术界对中国史学史研究内容的认识更加完善。20 世纪前期许多有益的认识成果受到重视，并体现在中国史学史研究和著述的实践中。综合前人的成果，我们可以将中国史学史研究的内容概括为以下几点：

（1）研究史家、史著（包括史家史著所涉及的历史理论、史学批评、历史文献学思想、历史编纂学、历史文学）。

（2）研究历代史官活动、史官制度、修史机制（也就是所谓的官方史学）。

（3）研究史学与其他相关学问的关系（史学与经

学、玄学、理学、文学的关系，经部书、子部书、集部书所包含的史学思想）。

（4）研究史学与社会的互动（史学思潮、社会对史学的影响、史学对社会的影响）。

（5）研究中外史学交流。

需要说明的是，中国史学包括现在中国境内的所有民族的史学，因此，中国境内历史上的各个少数民族，不论是现在已经被融合的民族，还是现在仍然存在的民族，其史学遗产，都是中国史学史研究的对象。

（三）中国史学史的学科性质——一门反思性的学科

中国史学史的学科性质就是一门反思性的学科。

史学史是一门学术专史，它研究既往的史学活动及其成果。而这种既往的史学活动及其成果，也是人们历史活动及其文化的一部分，因此也属于历史学的研究内容。从这个意义上说，作为学术专史的史学史是历史学的一个门类。它是对历史学的一项内容的纵向分割，具有历史学所具有的一切特征。

然而史学史不是普通的历史学分支学科。它对历史学的纵向分割，不像政治史、经济史那样分割出一项历史学所研究的社会史内容，也不像哲学史、文学史那样分割出去研究史学以外相应学科的历史，而是反过来考察历史学本身的发展过程，这就在认识上具有比普通历史学高一层次的独立地位[1]，因为历史学的任务是研究历史，史学史则研究历史学如何研究历史[2]。因此，从学科性质上说，它的层次更高。

史学史是在史学有了一定的发展之后才出现萌芽的。中国史学、西方史学产生得都很早，都有数千年的历史，可是对于历史学自身的历史进行系统总结，进而成为一门学科都很晚。这是一种普遍现象。西方有句谚语：历史女神只喜欢讲别人的历史，就是不喜欢讲自己的历史。说的就是这种现象。

史学史的学科层次以及它的产生都表明，史学史是一门反思性的学科。

---

[1] 杨翼骧审定，乔治忠、姜胜利编著：《中国史学史研究述要》，天津教育出版社，1996年版，第7页。

[2] 白寿彝：《关于史学工作的几点意见》，《史学史研究》1985年第2期。

作为反思性质的学科，史学史的产生反映了人类历史活动的进一步自觉。人之所以与动物有区别，就是因为人类有历史记述。史学的功能，在于对往事的反省。通过反省才能意识到自身的存在，以区别于自在存在的动物。如果没有这种反省，人的生活和精神每天都从零开始，那么就不会有人类的进步，不会有今天的文明。史学史，首先是对史学的反省，因反省而使史学工作从自在的变为自觉的。如果没有这种反省，就不会有任何史学的进展，就不会有现在的历史学。因此，史学史的出现，是与人类认识自身紧密地联系在一起的，与社会现实也有不可分割的关系。人们为了认识现实，不能不了解历史；要了解历史，就不能没有历史学；而为了认识历史学，就不能不了解和研究史学史。当人类有了对于自身活动的记载时，就产生了人类对于历史的第一个自觉；随着历史记载的积累，当人类开始对这些记载和记载活动进行反省和总结时，就出现了史学史这门学问的萌芽和发展，这是人类对于历史的第二个自觉。如果进而对这种反省和总结作历史的思考和理论的说明，这可以看作是人类对于历史的第三个自觉。这三个自觉都会反过来影响人类的社会实践，促进社会的发展[1]。可见，史学史是史学发展到一定阶段的产物，也是人类社会活动的自觉性达到新的高度的表现。

　　要而言之，中国史学史是中国史学发展到较高阶段对自身进行反思的学问。它是一门专史，但它不是普通的专史，它关注中国史学的发展，关注史学对社会的作用。无论是对推进历史学的发展，还是对推动社会历史的进步，中国史学史都扮演着极其重要的角色。

---

[1]　凌晨(瞿林东)：《史学史座谈会纪事》，《史学史研究》1985年第2期。

二、中国史学史学科的发展历程

（一）中国传统史学具有丰富的史学史因素

在中国传统史学中，并没有专门的史学史学科。史学史学科是中国史学近代化的产物。但是，在中国传统史学中却有丰富的史学史因素。司马迁在写《史记》的时候，有对前人写作历史的评论。例如在《史记》的第一篇《五帝本纪》的最后，有司马迁的评论"太史公曰"，介绍了他撰写《五帝本纪》的史料，对《尚书》《五帝德》《帝系姓》《春秋》《国语》等都进行了评述，提出了自己对远古史的看法。《十二诸侯年表序》对《春秋》以后史学发展情况进行了概述，涉及《春秋》《左氏春秋》《铎氏微》《虞氏春秋》《吕氏春秋》，以及张苍、董仲舒的著作。他说：

> 孔子明王道，干七十余君，莫能用，故西观周室，论史记旧闻，兴于鲁而次《春秋》，上记隐，下至哀之获麟，约其辞文，去其烦重，以制义法，王道备，人事浃。七十子之徒口受其传指，为有所刺讥褒讳挹损之文辞不可以书见也。鲁君子左丘明惧弟子人人异端，各安其意，失其真，故因孔子史记具论其语，成《左氏春秋》。铎椒为楚威王傅，为王不能尽观《春秋》，采取成败，卒四十章，为《铎氏微》。赵孝成王时，其相虞卿上采《春秋》，下观近势，亦著八篇，为《虞氏春秋》。吕不韦者，秦庄襄王相，亦上观尚古，删拾《春秋》，集六国时事，以为八览、六论、十二纪，为《吕氏春秋》。及如荀卿、孟子、公孙固、韩非之徒，各往往捃摭《春秋》之文以著书，不可胜纪。汉相张苍历谱五德，上大夫董仲舒推《春秋》义，颇著文焉。[1]

---

[1] 司马迁：《史记》卷14《十二诸侯年表》，中华书局，1982年版，第509—510页。

东汉班彪"斟酌前史而讥正得失",把自唐虞三代以来的历史著作,逐一评述,特别是重点评论了《史记》。其云:

> 唐虞三代,《诗》《书》所及,世有史官,以司典籍,暨于诸侯,国自有史。故孟子曰:"楚之《梼杌》,晋之《乘》,鲁之《春秋》,其事一也。"定、哀之间,鲁君子左丘明论集其文,作《左氏传》三十篇,又撰异同,号曰《国语》,二十一篇,由是《乘》《梼杌》之事遂闇,而《左氏》《国语》独章。又有记录黄帝以来至春秋时帝王公侯卿大夫,号曰《世本》,一十五篇。春秋之后,七国并争,秦并诸侯,则有《战国策》三十三篇。汉兴定天下,太中大夫陆贾记录时功,作《楚汉春秋》九篇。孝武之世,太史令司马迁采《左氏》《国语》,删《世本》《战国策》,据楚、汉列国时事,上自黄帝,下迄获麟,作本纪、世家、列传、书、表凡百三十篇,而十篇缺焉。迁之所记,从汉元至武以绝,则其功也。至于采经摭传,分散百家之事,甚多疏略,不如其本,务欲以多闻广载为功,论议浅而不笃。其

论术学，则崇黄老而薄五经；序货殖，则轻仁义而
羞贫穷；道游侠，则贱守节而贵俗功：此其大敝伤
道，所以遇极刑之咎也。然善述序事理，辩而不华，
质而不野，文质相称，盖良史之才也。[1]

班彪的评论，具有比较自觉的史学史意识。他的
思想，深深地影响了他的儿子班固。

南朝人刘勰在《文心雕龙》中有《史传》篇，1300
多字，从纵、横两个方面对以往的史学作了评论，成
为中国最早的史学评论专篇。唐朝的刘知幾，著有《史
通》，里面包含大量的史学史的知识，特别是外篇的《史
官建置》《古今正史》，属于系统地讲述史学史的篇章。
此外，在正史的艺文志或经籍志的序，以及文献目录
学著作里，涉及史学评论、史学发展史的内容也很多。
值得一提的是，南宋郑樵的《通志》"总序"和清朝章
学诚《文史通义》中的一些篇目如《书教》《答客问》
《释通》《申郑》等，都从史学创新或史义的角度对前
代史学进行评论，强化了中国传统史学中史学史因素

[1] 范晔：《后汉书》卷40上《班彪列传》，中华书局，1965年版，第
    1325页。

的思想趣味。所以梁启超对刘知幾、郑樵、章学诚评价很高，说："自有史学以来二千年间，得三人焉：在唐则刘知幾，其学说在《史通》；在宋则郑樵，其学说在《通志·总序》及《艺文略》《校雠略》《图谱略》；在清则章学诚，其学说在《文史通义》。"[1]

中国传统史学中的史学史因素是很丰富的，反映了传统史学在发展过程中自我认识的轨迹。这种自我认识，是中国史学不断发展的内在动力。丰富的史学史因素，为中国史学史学科的诞生奠定了坚实的基础。

（二）中国史学史学科是中国史学现代转型的产物

中国史学史作为一门学科，是中国史学现代转型的产物。在西方学术的影响下，中国现代学术研究由传统的四部之学转向了分科研究，中国史学史就是在分科研究的大背景下提出来的。

20世纪初期，章太炎写有《中国通史略例》《中国通史目录》，梁启超发表《中国史叙论》《新史学》，

---

[1] 梁启超：《中国历史研究法》，《饮冰室合集》专集之七十三，中华书局，1989年版，第24页。

表示用社会进化史观重新写作中国通史。他们揭开了中国现代史学的序幕。至 20 年代，整理国故开展起来，胡适发表《〈国学季刊〉发刊宣言》，认为要对国学进行系统的整理，很重要的一点是进行专史式的整理，他把中国文化史分为十类：民族史、语言文字史、经济史、政治史、国际交通史、思想学术史、宗教史、文艺史、风俗史、制度史。梁启超通过几年的实践，深切地体会到，通史写作绝非易事，专史没有做好，通史写作就没有基础。于是他在讲《中国历史研究法（补编）》时，由原来重点讲中国通史的做法转向了专史的做法。1926 年至 1927 年，他在清华国学研究院讲"中国历史研究法"一课，自称是"补中国历史研究法或广中国历史研究法"，接续他 1921 年在南开大学讲的"中国历史研究法"，这就是他后来出版的《中国历史研究法补编》。该书所论的专史，包括人的专史、事的专史、文物的专史、地方的专史、断代的专史。文物的专史包括政治专史、经济专史、文化专史。文化专史下又分为语言史、文字史、神话史、宗教史、学术思想史、文学史、美术。学术思想史分为道术史、史学史、社会科学史、自然科学史。这样的学科划分是否合理姑且不论，重要的是他对自己的划分提出了理由，作出了解释，表明他有自觉的分科研究思想。他明确地说，分科研究"比泛泛然作通典、通考要切实得多，有意思得多，有价值得多"。[1]梁启超把"史学史"视作文化专史中"学术思想史"的一个分支，专门讲了"史学史的做法"。梁启超说："史学，若严格的分类，应是社会科学的一种。但在中国，史学的发达，比其他学问更厉害，有如附庸蔚为大国，很有独立做史的资格。中国史学史，最简单也要有一二十万字才能说明个大概，所以很可以独立著作了。"[2]这说明，梁启超是在学术研究范式转型、认识到分科研究的必要性时，提出的"中国史学史"的学科建设问题。不仅如此，他还为这门学科的建设搭建了框架。梁启超按照他设立的中国史学史学科框架，对中国史学史作了简要论述，相当于一篇中国史学简史。在"文物专史做法总说"中，他提出了做文物专史的特殊困难

---

[1] 梁启超：《中国历史研究法补编》，《饮冰室合集》专集之九十九，第33页。

[2] 梁启超：《中国历史研究法补编》，《饮冰室合集》专集之九十九，第151页。

及一些"公共原则",对"史学史的做法"同样适用,对中国史学史学科建设具有理论意义。

此外,北京大学教授朱希祖、李大钊、何炳松,东南大学教授柳诒徵等,在探索中国史学史的学科建设问题上,也具有筚路蓝缕之功。经过这些著名学者的倡导和实际工作,中国史学史学科在20世纪20年代终于得以确立。

(三)中国史学史学科的发展阶段

中国史学史学科从最早被明确地提出到现在,已有近百年的历史。这个发展历程,可以划分为三个阶段:20世纪上半期是第一个阶段,20世纪下半期是第二个阶段,进入21世纪以来是第三个阶段。

第一个阶段完成了中国史学史学科的奠基和初步建立。在1919至1920年度的北京大学史学系的课程表上,出现了"史学史"的课程名称,讲授者是该系系主任朱希祖教授。1923年,李大钊在北京大学史学系开设史学思想史课程,讲授的内容虽然是西方史学思想的发展历程,却是中国人最早探讨西方史学思想史的重要成果，对中国史学史的建设具有启蒙意义。何炳松教授翻译美国新史学派史家绍特威尔的《西洋史学史》和英国史学家古奇的《十九世纪之史学与史家》，研究刘知幾、章学诚，撰写《浙东学派溯源》等，目的是为撰写《中国史学史》提供借鉴，并做前期准备。而梁启超在《中国历史研究法补编》中所讲的"史学史的做法"，更是正式地拉开了中国史学史学科建设的帷幕。因此，我们说，20世纪20年代，完成了中国史学史学科的奠基工作。30年代，出版了大量的史学理论著作，如《史学概论》《史学通论》《史学概要》《历史学 ABC》等，在这些著作中，大都设立了中国史学史的专门章节。在大学课堂上，已有"中国史学史"课程的设置，并编印了讲义。陆懋德、卫聚贤、朱谦之、蒙文通、金毓黻等人分别在北京师范大学、上海持志学院、中山大学、四川大学、中央大学开设了此课。20世纪40年代，先后出版了魏应麒、王玉璋、金毓黻的《中国史学史》专著，国民政府教育部还把金毓黻著的《中国史学史》定为大学教材。开设这门课程的大学史学系或史地系增多了。这表明，中国史学史学科，至20世纪40年代，已经初步建立起来。

第二阶段是以唯物史观为指导对中国史学史进行了新的探讨。这个阶段可分为自新中国成立至"文革"、"文革"时期、"文革"后至 20 世纪之末三小段。"文革"前的 17 年，前五年，对中国史学史的研究基本是空白，这主要是社会转型期无暇顾及造成的。1961 年以全国文科教材会议为契机，在全国范围内掀起了关于史学史基本问题的大讨论。文科教材会议决定编写三本史学史教材，即中国古代史学史、中国近代史学史、外国史学史，并指定三部教材的主编为北京师范大学的白寿彝教授、华东师范大学的吴泽教授、复旦大学的耿淡如教授。三位主编分别在各自学校建立史学史教研室，招收研究生和进修教师，组织人力编写和出版研究资料，编辑学术刊物，撰写各自承担的教材。与此同时，一批具有较高水准的史学史研究论文发表出来，史学史研究迎来了大发展的春天。这几年，史学界以唯物史观为指导，重新探讨史学史的基本问题，对重要史学家和史学著作进行了深入研究，取得了许多研究成果。但没过几年，"文革"爆发，与其他学科一样，史学史研究停滞十年，直到"文革"结束才逐步恢复。从改革开放至 20 世纪末的 20 年，中国史学史研究取得了巨大成就，中国史学史教学亦越来越受到重视，中国史学史专业具有硕士学位授予点、博士学位授予点，故20年间培养了大量的硕士研究生和博士研究生，学术队伍迅速扩大；研究范围有了极大的拓展，研究成果超过了以往60年的总和，并形成了以白寿彝、吴泽、杨翼骧、尹达等先生为学术带头人的几个研究重镇。专业学术期刊《史学史研究》公开发行，影响遍布海内外。

　　第三个阶段是进入21世纪以来的近20年。这20年，中国史学史研究稳步扎实发展，表现在：一、研究范围进一步扩大，少数民族史学史、近现代史学史、史学与经学的关系、中外史学交流等受到更多的重视。二、史学史研究队伍扩大，除了本专业培养的，还有其他相近专业如从事学术文化史的研究者，也纷纷进入史学史研究的行列。三、通过史学史专业与其他专业的交融，中国史学史与西方史学史的比较研究，中国大陆学者与港台学者、外国学者的学术交流，中国史学史研究的手段、范式更加多元了，创新的特点比较突出。四、在中国史学通史、史学思想通史、历史理论史等方面，均出版了多卷本著作。学术分量大大增强了。第二阶段的学术带头人在进入21世纪后，不断谢世，他们的弟子已卓然成家，成为新世纪的学术带头人。

（四）著名史学家与中国史学史的学科发展

中国史学史学科的产生和发展，与著名史学家的倡导和参与密切相关。在中国史学史创始阶段，梁启超、朱希祖、何炳松、李大钊、柳诒徵等有开创之功。在初步发展阶段，陆懋德、蒙文通、卫聚贤、姚名达、金毓黻、朱谦之、魏应麒、傅振伦、王玉璋、郑鹤声、周谷城、方壮猷等人做出了重要贡献。新中国成立后，积极推进中国史学史学科继续发展的著名史学家有刘节、白寿彝、吴泽、杨翼骧、尹达、张孟伦等。

在中国史学史学科的发展过程中，形成了具有明显师承关系的学术队伍，出现了不同学术风格的研究重镇。

在梁启超的学术系谱中，从事中国史学史研究和教学的有姚名达、卫聚贤、刘节、方壮猷、陈守实等，他们都是梁启超在清华国学研究院时期的学生。

在朱希祖的学术系谱中，从事中国史学史研究和教学的有金毓黻、陈功甫、萧鸣籁、姚从吾、傅振伦、王玉璋、朱杰勤等。他们是朱希祖在北京大学、中山大学任教时的学生或研究生。

在何炳松的学术系谱中，有卢绍稷、郭斌佳。他们是何炳松在上海大夏大学任教时的学生，与何氏过从甚密。

李大钊虽然没有弟子，但在20世纪30年代出版的包含史学史内容的史学通论的作者中，刘剑横、周容、刘静白、李则纲等人接受和宣扬李大钊的史学观点，可算作李大钊学术系谱的学者。

在柳诒徵的弟子中，有一学者研治中国史学史特别有成绩，那就是郑鹤声。

新中国成立后，特别是改革开放以后，北京师范大学、华东师范大学、南开大学在中国史学史的建设方面，优势明显。

白寿彝先生是北京师范大学教授，1961年被任命为（教育）部编中国古代史学史教本的主编。他的弟子施丁、邹贤俊、瞿林东、吴怀祺、陈其泰等成果丰硕，在国内外有较大的影响。北京师范大学的史学史研究，比较重视史学思想、历史理论，在学科理论建设方面更加突出。

吴泽先生是华东师范大学教授，1961年被任命为（教育）部编中国近代史学史教材主编。吴泽先生的学术传人袁英光、桂遵义、胡逢祥、朱政惠、邬国义等是治中国史学史的专家，他们的成就体现在中国近代史学史和海外中国学研究方面。

杨翼骧先生出身于北京大学，受教于西南联合大学，大学期间即专注于中国史学史专业，受姚从吾、郑天挺的指导。1953年他从北京大学调至南开大学，从事中国通史、中国史学史教学。他的弟子乔治忠、姜胜利、牛润珍等，治中国史学史有声。他们在官方史学、史官制度研究和中国史学史资料编年等方面，做出的成绩比较突出。

尹达先生在中国社会科学院创建史学史研究室，主编《中国史学发展史》。著名史学史专家张承宗、谢保成是他的弟子。谢保成著的四卷本《增订中国史学史》，是迄今为止个人撰著的最大部头的中国史学通史。

师弟子薪火相传，形成了具有各自特色的研究阵地。这些研究阵地又培养了众多史学史专业人才，次第遍布全国。时至今日，中国史学史研究和学科建设，得到整个历史学界的重视，呈现出朝气蓬勃、欣欣向荣的可喜景象。

三、中国史学发展历程之鸟瞰

（一）中国史学历史悠久、连续不断

中国史学历史悠久、连续不断。这是我们特别强调的一点。1921年梁启超先生在天津南开大学讲授《中国历史研究法》，在谈到"过去之中国史学界"的时候，他说了一句很经典的话："中国于各种学问中，惟史学为最发达。史学在世界各国中，惟中国为最发达。"[1]说中国在各种学问中，只有史学最发达，可以从传统历史文献学"经史子集"的卷数和文字分布作出大致的评估和证明。说史学在世界各国中，只有中国最发

---

[1] 梁启超:《中国历史研究法》,《饮冰室合集》专集之七十三，第9页。

达，是不是有些自诩啊？不是的，梁启超先生没有夸大，事实确实是这样。中国史学的起源未必是最久的，世界四大文明，中国是其中之一，论最古的文明，以现在的考古发现而言，我们中华文明，排不到第一。但是我们的文明没有中断，这在四大文明中独一无二。其他文明后来都中断过。这是我们作为炎黄子孙特别值得骄傲和自豪的。中华文明没有中断，一个主要的原因是我们的祖先重视记述历史，历史学发展连续不断。史学是文明的载体，史学发展不中断，文明就不会出现断裂。在梁启超之前的西方哲人，已经为我们宣传和鼓吹了。法国的伏尔泰 1765 年发表了他的《历史哲学》，这书译作中文，书名是《风俗论》。其中写道："如果说有些历史具有确实可靠性，那就是中国人的历史。"[1] "如果一个民族最早的编年史证明确实存在过一个强大而文明的帝国，那么这个民族一定在多少个世纪以前早就集合成为一个实体。中国人就是这样一个民族，4000 多年来，每天都在写它的编年史。"[2] 与

---

[1] ［法］伏尔泰著，梁守锵译：《风俗论》，商务印书馆，2000 年版，第 85 页。

[2] ［法］伏尔泰著，梁守锵译：《风俗论》，第 86 页。

伏尔泰一样，德国的黑格尔也高度称赞中国史学，他也有一部《历史哲学》，在该书中他说："中国人具有最准确的国史。"[1]"中国'历史作家的层出不穷'、继续不断，实在是任何民族所比不上的。"[2]西方哲人的这些美誉不是随便说的，这是他们站在世界文明发展的高度，通过多方比较而得出的结论。

（二）中国史学发展的阶段性

中国史学源远流长，内容异常丰富。这里，我们只能概略地谈谈中国史学史的轮廓，用坐飞机式的方式，做一个鸟瞰。做此鸟瞰，意在对中国史学发展的历程做出分期，揭示中国史学发展的规律性。

中国史学史自远古到近现代，可分为六个阶段。

第一个阶段是先秦史学——中国史学的童年。先秦史学，它包含的史学发展跨度其实是最长的。从传说中的黄帝一直到秦朝建立，中经夏、商、周，到底

---

[1]　［德］黑格尔著，王造时译：《历史哲学》，上海书店出版社，2001年版，第167页。

[2]　［德］黑格尔著，王造时译：《历史哲学》，第123页。

有多少年，说不清楚。将它视作中国史学的童年，这是一个比喻的说法，就是说，在这个时间段，中国史学由结胎逐步发育成一个孩童了。

就内容而言，先秦史学进程依次经历远古的传说、历史记载的萌芽、国史的出现、私家历史撰述的产生等过程。

反映历史的最初的载体是传说，当时没有文字，是通过口耳相传的形式传播的。有了文字之后，这些传说才被记载下来。传说的内容基本上是氏族社会里英雄人物的故事，包括两大类：一类是战胜自然灾害和在生产中取得成功的传说，如女娲补天、羿射九日、大禹治水、神农耕稼等；一类是氏族由来和氏族、部落间战争的传说，如天命玄鸟、降而生商，姜嫄践巨人迹而生弃，黄帝战蚩尤等。这些传说有反映历史真实的成分，但也夹杂着相当浓厚的神话性质。而且随着年代的变迁，传说内容也会发生变化。大概当时已有专人如"巫""瞽"之类，负责记诵这些传说。传说不是史学，但从史学产生的渊源上说，传说是传播历史知识的最原始的形式。这个时代的人已经具有了一定的历史意识。图腾崇拜就是原始历史意识的一种表现。人们对部落社会中发生的事件也有记述下来的意识，但由于没有文字，只能采用"结绳而治"或在木头上刻记号的方式。当时的"巫""瞽"大概也具有记事的职责。

有了文字，才能进行历史记载。最初的文字始于何时，难于详知。目前发现的中国最古老的文字是殷代的甲骨文，而且由甲骨文推断，夏朝肯定也有文字，甚至有比夏朝更早的文字。但这都是推测，考古上还没有真正发现。甲骨文之后，是刻在宗周青铜器上的铭文，也就是所谓金文。甲骨文有卜辞，即占卜的记录，有农事、兵戎、祭祀方面的内容，金文有反映当时的王臣庆赏、贵族纠纷、财产关系的内容。从卜辞到金文，反映了文字记载由简而繁的发展过程，也反映了历史记载从不自觉到初步有了自觉意识的发展过程。《尚书》和《诗经》中的《雅》《颂》，是殷代和宗周时期的历史记载。它们比卜辞、金文记载有更鲜明的官文书性质，也有更明显的自觉意识。殷代和宗周时期的甲骨文、金文以及《尚书》《诗经》中的《雅》《颂》，可称作历史记载的萌芽。

到了宗周晚期和春秋时期，周王朝和各诸侯国均有国史，世卿家有家史。遗憾的是，当时的国史、家史没有一部流传下来。但从《左传》《国语》《韩诗外传》等后来的史籍中能够看到它的踪迹。这些国史、家史应是史官完成的。因为当时出现了史官的名称，如太史、大史、小史、外史、南史等。这些史官按照编年的形式记事，遵循"君举必书"的原则。这些国史、家史有不同的名称，世、令、语、故志、训典、春秋、梼杌、乘，大概都是史籍的名称。这些史书已有意识地注入对于现实具有鉴戒作用的内容，统治者或贵族运用它们作为治国理政和修身养性的教科书。

先秦史学的最后一个阶段是从春秋晚期到战国末年，出现了私人的历史撰述。这个阶段是从孔子开始的。孔子是中国第一个史学家。所以，梁启超说："历史学者假如要开会馆找祖师，或者可用孔子。"[1] 他所修的《春秋》，是现在所知道的第一部私人撰写的历史著作，采用编年体，严格按照年、月、日顺序记载史事，而在每年之中又有春、夏、秋、冬四时的表述。上起鲁隐公元年（周平王四十九年，公元前 722 年），下迄

[1]　梁启超：《中国历史研究法补编》，《饮冰室合集》专集之九十九，第156 页。

鲁哀公十四年（周敬王三十九年，公元前481年），共242年的历史。这一阶段的史书还有《左传》《国语》《公羊传》《榖梁传》《竹书纪年》《世本》《战国策》等。

第二个阶段是秦汉史学——中国史学的成长。秦汉时期，是中国史学的成长阶段，这也有比喻的意思，就是说，中国史学到这个阶段长大成人了。

秦朝存在的时间很短，此前留下了一部《吕氏春秋》。秦皇朝建立后没有留下可观的史学成果，相反，为了强化它的专制统治、钳绝人口，它颁布挟书之令，有敢私藏典籍者族，并大肆焚烧《诗》《书》等儒家经典，将六国史籍集中起来烧毁，造成了文化典籍、历史资料的浩劫。秦皇朝对历史修纂的强力干预也为后世统治者对史学进行控制开了恶例。

西汉建立后，统治者重视从秦朝的灭亡中、从楚汉战争项羽的失败中总结经验教训。所以汉初有陆贾的《楚汉春秋》《新语》。《楚汉春秋》今不传，大概是编年体史书。汉朝废除了秦朝的挟书之令，广征天下图籍，武帝时期建藏书之策，置写书之官，文化复苏，以至西汉成帝时期，皇家对国家图籍进行了一次大规模的整理。两汉时期史学的突出成就表现在：西汉中叶司马迁撰写了《史记》，东汉初班固写了《汉书》，东汉末年荀悦写了《汉纪》。此外还有东汉官修的《东观汉记》。司马迁创立了纪传体，且用这种体裁写了一部通史。班固的《汉书》是纪传体断代史。《东观汉记》也是纪传体史书，是东汉皇朝官修的本朝史。荀悦的《汉纪》是奉汉献帝之诏写的，是编年体断代史。这样，史书编纂的两种基本体裁纪传体、编年体都出现了。《史记》《汉书》《汉纪》是中国古典史学的典范之作，是中国史学长大成人的标志。

第三个阶段是魏晋南北朝隋唐史学——中国史学的发展。魏晋南北朝隋唐是在两汉大一统之后，由长期的分裂又一次走向统一，实现所谓"天下一家"的时期，历时 700 年。前 400 年总体上是分裂的，后 300 年是统一的。前 400 年经过了三国鼎立、西晋的短暂统一、南方东晋建立、北方出现列国林立、南方宋齐梁陈的更迭、北方北魏统一及分裂这样几个阶段。三国时期，魏、蜀、吴都称自己是正统；南北朝时期，北方的少数民族入主中原，建立政权，与南方的汉族政权相对抗，南北双方也都自称是正统，南方骂北方是"索虏"，北方骂南方为"岛夷"。但就是在这种对立中，孕育了更大规模的民族融合和国家统一趋势。而隋唐则是这种历史趋势的实现。因此，魏晋南北朝隋唐是中华民族的一次更化和再生。这一时期的史学则是在两汉史学基础上的发展。主要表现为：

（1）史学著作的数量和种类多，出现了众多卓有成就的史学家。

（2）私家修史繁盛，特别是在魏晋南北朝时期。

（3）史书反映门阀士族利益的时代特点比较显著。如出现了大量的姓氏之书、人物传记，在历史评论中，充满得失荣辱和名教的思想。

（4）史部书脱离经学的藩篱，独立了。在《汉书·艺文志》中，史书是放在"春秋类"，还没有独立的位置。到《隋书·经籍志》，文献目录分为"经史子集"四部，史部书占据第二位，而且根据类别析作十三种，卷数远远超过经书类。

（5）官方建立修史机构负责修史。三国魏明帝时，在中书省设置著作郎，职掌修史。西晋时改由秘书省负责修史，史官称大著作、佐著作郎。以后东晋、南朝以及北魏、北齐，史官名称虽有所改变，但均沿袭这一制度。唐朝太宗时期，在皇宫内设立史馆。从此，史馆成为官方的主要修史机构，以宰相为监修，称监修国史。唐初，史馆修史很有成绩。现二十四部正史中，有八部正史完成于这一时期。

（6）出现了对史学进行系统总结的专文和专著。专文是刘勰的《文心雕龙》"史传篇"，专著是刘知幾的《史通》。

（7）魏晋南北朝直至中唐，断代史占据统治地位，如刘知幾说的，"班、荀二体，角力争先，欲废其一，固亦难矣"。[1]中唐以后，通史体开始复兴，并出现了典制体通史巨著，那就是杜佑的《通典》。《通典》的诞生，表明典章制度史书从纪传体史书中独立出来，中国史书编纂从此增添了一种新的体裁。

当然，隋唐史学与魏晋南北朝史学相比，也有一些新的变化。其中最显著的一点是皇朝加强了对修史工作的控制，禁止私人修撰国史，对史馆制度作了进一步的完善。

综观魏晋南北朝隋唐时期的史学，从史家个人的成就看，很难说哪一个人能全面地超过司马迁、班固。

---

[1] 刘知幾:《史通·二体》，浦起龙《史通通释》，上海古籍出版社，1978年版，第29页。

但从总体上说，这个时期的史学比秦汉时期有相当大的发展。

宋元，包括辽宋夏金元，是中国史学的继续发展时期。元代史学成就与宋代无法相比。在史学史的分期问题上，有人把唐宋划为一个阶段。我们不采用这种分期方法，而是将宋元作为一个阶段。为什么呢？这是因为宋代和唐代在社会面貌上有了很大的不同，而元代与宋代又难分难解，史学的联系也更加紧密。

两宋在国势上积贫积弱。北宋虽然是统一的朝代，但北方先后出现的辽、金、夏，与它对峙，始终威胁着它，北宋最终为金政权所灭。南宋只占据半壁江山。蒙古族兴起后，横扫北方，灭了金、夏政权之后，最后把南宋灭亡，建立元朝。元朝在经济上、文化上与宋代相比，虽然有所倒退，但它的疆域与唐代相比，又扩大了，行政区划奠定了明清中国区域分界的格局，民族关系又进行了一次大整合，民族融合历经了一次螺旋式的上升。广大的边疆地区进入了封建社会。元朝，虽然在局部地区出现了倒退，但从中华民族的全局来看，还是有发展的。因此，在中华民族的发展史上，宋元是又一个阶段。

两宋史学从整体上说，达到了中国古典史学的最高峰。陈寅恪先生说："中国史学莫盛于宋。"[1]"华夏民族之文化，历数千载之演进，造极于赵宋之世。"[2]

宋元史学的总体面貌，我们可概述如下：

（1）朝廷对修史非常重视，建立了十分完备的修史机构。宋朝的修史机构比唐朝多，有起居院、日历所、会要所、玉牒所、实录院、国史院。这些院、所，各有职责，又相互配合。宋朝统治者善待文人，学者治学环境宽松。辽金元政权对修史也表现了很大的热情，都建立了专门的修史机构。官修史书，卷帙庞大。像宋朝的《高宗日历》《孝宗日历》，都是一千卷，《高宗实录》《孝宗实录》都是五百卷。会要所编写宋代累朝会要，多达二千二百多卷。宋初所修的类书如《太平御览》《册府元龟》，均为一千卷。元朝官修的《宋史》《辽史》《金史》，被后世确立为正史。

（2）宋元时期大史学家多，名著多，成就高。诸如欧阳修的《新五代史》《新唐书》，司马光的《资治

---

[1] 陈寅恪：《陈垣明季滇黔佛教考序》，《金明馆丛稿二编》，生活·读书·新知三联书店，2009年版，第272页。

[2] 陈寅恪：《邓广铭宋史职官志考证序》，《金明馆丛稿二编》，第277页。

通鉴》，郑樵的《通志》，袁枢的《通鉴纪事本末》，朱熹的《资治通鉴纲目》，李焘的《续资治通鉴长编》，马端临的《文献通考》，都是影响后世的名著，其作者自然也名垂青史。这里面有纪传体（《新五代史》《新唐书》《通志》），有编年体（《资治通鉴》《续资治通鉴》），有纪事本末体（《通鉴纪事本末》），有典制体（《文献通考》），有纲目体（《资治通鉴纲目》）。其中，纪事本末体、纲目体都是新创立的体裁。《通志》《文献通考》与唐朝的《通典》一起，被称作"三通"，后世均有续修。

（3）历史文献学极其发达。表现在文献研究范围的扩大，出现了金石学，如欧阳修的《集古录》、赵明诚的《金石录》；文献目录学著作详备，如晁公武的《郡斋读书志》、陈振孙的《直斋书录解题》；在刊误、纠谬、考异、考据等方面，也出现了很有成就的著作。

（4）民族史、地方史、域外史著作繁多。民族史著作有《元朝秘史》《大金国志》《桂海虞衡志》。地方史著述有乐史的《太平寰宇记》，王存的《元丰五域志》，欧阳忞的《舆地广记》《元大一统志》，范成大的《吴郡志》，王鏊的《姑苏志》等。有关中外交通和域外史事的书有徐兢的《宣和奉使高丽图经》、周去非的《岭外代答》、赵汝适的《诸蕃志》、周达观的《真腊风土记》、汪大渊的《岛夷志略》等。这些书都是很有影响的名著。

（5）史学与理学联系密切，史学受到理学的影响。宋元时期是理学占据意识形态统治地位的时代。有的史学家就是理学家。如司马光、朱熹，他们既是史学家，也是理学家。史学家写作历史所关注的问题，往往也是理学家思辨的问题。史学著作在内容和形式上都受到理学的影响。但理学家对历史学的轻视，宣扬经精史粗观念，受到史学家的抵制。宋代史学，特别是南宋史学有义理化的倾向，但史学坚持了自身的独立性，没有成为理学的婢女。

第五个阶段是明清史学——中国史学的因循和嬗变。 明清时期是中国封建社会的衰老时期。明清史学也表现出衰老的特征：一方面是充斥着因循保守的气息，另一方面也有一些反映时代抗议精神和探讨史学变革的优秀之作不断问世。这个阶段的史学，总特点是因循和嬗变。

明清时期，封建专制主义皇权进一步加强，对史学的控制极其严厉。明朝初期，有官修的《元史》。《元史》两次开馆修撰，两次时间加起来不到一年。时间仓促，错误很多。但是，它利用元朝国史馆收藏的原始材料和成品，保存了很多宝贵的史料，其价值是不能低估的。永乐年间，有官修的《五经大全》《四书大全》《永乐大典》。这些都是加强思想控制的产物，从史学发展的角度看，并没有多少意义。明朝的文字狱很严厉，直到明代中期，学者对国史修纂还心有余悸。从明初到嘉靖以前，没有出现富有价值的史学著作。嘉靖、万历以后，社会矛盾日益复杂尖锐，思想领域开始活跃起来，出现了郑晓、王世贞、李贽、焦竑、胡应麟、茅元仪、谈迁、陈子龙、王圻、张岱等史学家。嘉靖、万历年间的史学家，有改修《宋史》的，有续修《资治通鉴》的，但成就不是很高。明代史学值得称道的是，官修的《明实录》比较完备，方志兴盛，稗史、经济类著作、通俗史学著作大量出现。总的来说，明代史学成绩比较平庸，与历时277年这样一个比较稳定的朝代很不相称。

明末清初，是史学发展的一个高峰期，产生了一批史学大家，黄宗羲、顾炎武、王夫之、阎若璩、胡渭、万斯同、顾祖禹、马骕等是其代表。

清朝康乾之世，文字狱频发，学者们不得不舍弃经世致用的治学精神，埋首故纸堆，从事没有政治风险的音韵训诂以及对经的注释、考证等，于是，产生了乾嘉考据学，也造就了一批考据学大师。

清朝开馆修史比明朝成绩大很多。清朝专门设立"明史馆"。明史馆修的《明史》是官修正史中最好的一部。此外，清朝还设立国史馆、起居注馆、方略馆、实录馆、会典馆、一统志馆、"三通馆""四库馆"等，在整理文献、编辑类书和丛书等方面成就卓著。如编纂了《古今图书集成》《四库全书》《四库全书总目》等，修撰了"续三通""清三通"等。

清朝学者不满意明朝学者对《资治通鉴》的续编和补修，而又做了同样的工作。如徐乾学组织人力，编撰《资治通鉴后编》，毕沅主编《续资治通鉴》，其成就远高于明代的续补。

乾嘉时期，在考据学盛行的情况下，出现了一位史学理论家章学诚。他的《文史通义》是继刘知幾《史通》之后的又一部史学理论专著，代表了中国传统史学理论的新水平。《文史通义》包含丰富的史学变革思想。

嘉道之际，随着社会矛盾的日益尖锐，学术风气开始转变。今文经学复苏，龚自珍、魏源等人跟从常州学派刘逢禄治今文经学。他们以今文经学为武器，批判繁琐考据学风，经世致用的史学再度兴起。

随着鸦片战争的爆发，中国的社会性质发生了改变，中国古典史学日趋走到它的终点，向近代史学逐步过渡。

第六个阶段是近现代史学。鸦片战争后，中国的民族危机、社会危机日益严重，社会结构也发生了改变。这个变化，是真正的"千年变局"。打开中国大门的西方殖民者，不像历史上的所谓"蛮夷"，文化落后。他们在科技上文化上都是极其先进的。他们不仅在硬实力上给中国以重创，在软实力如学术文化领域也对中国产生极大的影响。随着中国近代社会的新陈代谢，中国史学从传统向近现代转变。1840 年至 1949 年的史学，属于近现代史学的范畴。

近现代史学可分为两个阶段：第一阶段是从 1840 年到 1902 年，是为近代史学（有的称为近代前期史学）；第二阶段是从 1902 年到 1949 年，是为现代史学（有的称为近代后期史学）。第一个阶段的史学主要由两条线索组成：一条线索是传统的历史研究和编纂形式的延续，如魏源的《元史新编》，屠寄的《蒙兀儿史记》，夏燮的《明通鉴》，李有棠的《辽史纪事本末》《金史纪事本末》，等等，这些著作接续清朝前期的学术研究工作，依然采用传统的史书编纂体裁和体例，本质上属于传统史学的范畴；另一条线索是反映时代精神和应对社会危机的历史著述的不断问世，以及新的史学思潮的产生和发展。如魏源的《海国图志》、夏燮的《中西纪事》、姚莹的《康輶纪行》、王韬的《法国志略》、黄遵宪的《日本国志》等，均属于此类著作。前者呈江河日下之态，后者则有蓬勃壮大之势。中国史学在这一阶段不断地从传统向现代学术形态渐变。而1901—1902年，梁启超发表的《中国史叙论》《新史学》，可谓是由渐变向突变的实现，标志着中国古典史学的落幕和现代史学的开幕。

在第二阶段，发生了诸多历史事变。辛亥革命推翻了清皇朝的统治，尽管其后出现短暂的帝制复辟，但民主共和思想深入人心，历史大势不可逆转，中国从此进入民主共和时代。这一阶段，有三大史学思潮前后相续，出现许多史学流派。三大史学思潮是早期新史学思潮、新历史考据学思潮、马克思主义史学思潮。这些史学思潮、史学流派，在各自的发展中既相互碰撞又相互吸收。至20世纪40年代，出现了众流汇合的趋向。马克思主义史学的优势越来越显著，它代表了中国史学发展的正确方向。

（三）中国史学的基本特征

从中国史学的发展历程看，我们可以将中国史学的基本特征概括如下：

1. 中国史学是中华文明的载体，中国文化的主干包含在历史典籍中。《汉书》有言，诸子出于王官。对这种说法后来有不同看法。但无论如何，在中华文明的创始阶段，史官是起了很大的作用的。史官对文字的创造、历史的记载和保存，都是直接贡献者。他们在国家政治生活中担任了重要的角色。有人说，中国文化是史官文化，不是没有道理。中国传统文化典籍可划分为经史子集四部，历史书籍表面看起来只占典籍的四分之一，而实际上，中国书籍"十之七八，可以归在史部"。"若通盘考察，严格而论，经子集三部，最少有一半可编入史部，或和史部有密切的关系。"[1] 章学诚说得更加厉害："愚之所见，以为盈天地间，凡涉著作之林，皆是史学。六经特圣人取此六种之史，以垂训者耳。子集诸家，其源皆出于史。"[2] 不仅如此，中国史学更包含中华民族的历史记忆、治国安邦之道、历史智慧和民族精神。它是中华民族之魂的承载者。

2. 中国史学具有记述的连续性、内容的丰富性、体裁的多样性。中国的史官制度在先秦时期，虽然不是很清楚，但大量典籍的零星记载可以间接地说明，是比较完备的。可惜先秦典籍遗失太多，秦朝及楚汉战争期间，又遭到浩劫。汉朝以后，记注制度和史官制度、史馆制度的建立和完善，保证了官修史籍的持续不断和历史记载的完备，这是中华文明从未中断的根本原因。官修、私修典籍数量之庞大，

---

[1] 梁启超：《中国历史研究法补编》，《饮冰室合集》专集之九十九，第151页。

[2] 章学诚：《文史通义·外篇三·报孙渊如书》，《章学诚遗书》，文物出版社，1985年版，第86页。

是世界上其他国家都比不上的。其内容,政治是中心,其他如经济、文化、社会、风俗、民族关系、国家关系等等无所不包。史书种类繁多,如《四库全书总目》史部就分作十五类。在体裁方面不仅有编年体、纪传体、纪事本末体,还有典制体、纲目体、学案体、史评体、表历等等。

3. 中国传统史学受儒家思想的指导,与经学联系密切;儒家正统思想是史学批评的根本原则。孔子整理的六经,有的就是史书。"六经皆史"虽然到明清时期才明确地提出来,但在中国历史上是自经书出现后就有的思想。汉武帝实施尊儒政策后,孔子及六经就具有了特殊地位,为历代所尊奉。大史学家大都是尊儒的,有的还是儒学史上的标志性人物。儒家思想对中国史学影响巨大,是传统史学进行学术批评的标准。

4. 中国史学密切关注社会现实,具有垂训、借鉴、经世等多方面的社会功用。中国史学都是入世的,史学以经世致用为旨归,具体体现在总结政治得失、记述治国安邦之道、宣扬道德训诫等。远离现实社会或纯以娱乐为目的的历史撰述很少,且不被重视。

5. 中国传统史学是在官修和私修的对立统一中不断发展的。中国历史典籍包含官修和私修两部分。官修与私修有对立的时候，但大多数时候是相辅相成的。官修私修各有优长，又各有局限。有的史家具备史官的身份，在其官修著作和个人著述中表现出不同的特点。官修私修的对立统一贯穿中国传统史学的发展历程，甚至是中国传统史学发展的重要动力之一。

6. 中国史学既强调求真，又重视致用，具有求真和致用不可偏废的属性。在历朝官方的诏令和史学家的著述中，既能够找到极其丰富的史学求真的议论，又能够发现史学致用的观点。一般而言，都是主张把求真和致用二者统一，反对追求一方而排斥另一方。

7. 中国史学具有追求实录、撰写信史，主张直书、反对曲笔的传统。这是自孔子以来形成的公认的史学观念。信史的对立面是秽史，直书的对立面是曲笔。称赞前者、鞭笞后者，成为官私修史活动均声言坚持的基本准则。由于直书不能违背名教，所以传统史学的直书与现代史学观念中的客观求真还有一定的区别。中国传统史学的局限往往因此而生。

上述特征，既有静态方面的，也有动态方面的。中国传统史学的精华和糟粕都融会在这些特征中。汲取精华，剔除糟粕，是我们研究中国史学史、发展当代史学的重要使命。

四、中国历史编纂学和史家修养论

（一）体裁和体例

关于中国历史编纂学，首先从史书的体裁和体例讲起。

体裁是指史书的外在表现形式，主要是就各类史书间之不同的表现形式而言的，如编年体、纪传体之类，就是讲的史书体裁。体例是指一书内部的组织结构和表述形式，相当于今日编写史书的"凡例"。

中国史书的体裁是丰富的。在中国史学的童年时期，史书就分记言体、记事体。相传有左史记言、右史记事的说法。实际上，记言、记事很难截然分开。但从主要的表述形式看，记言、记事是两种最古老的史书体裁。随着史学的发展，在记言、记事两种体裁继续存在的情况下，记言记事相结合的史书逐渐多了起来，主要有如下几种：

1. 编年体

这种体裁出现较早，代表性的著作有《春秋》《左传》《竹书纪年》《汉纪》《后汉纪》《资治通鉴》《续资治通鉴长编》等。历朝的"起居注"及"实录"，如温大雅撰的《大唐创业起居注》、韩愈撰的《顺宗实录》，以及《明实录》《清实录》等等，也属于以编年体编次的文献资料。编年体史书以时间为中心，按年、月、日顺序记述史事，也就是以时间为经，以史事为纬。能够比较容易反映出同一时期各个历史事件的联系，这是它的优点；而不易于集中反映同一历史事件前后的联系，则是它的缺点。

2. 纪传体

纪传体的创立者是司马迁。他的《史记》是纪传体通史。班固著《汉书》，又开创了纪传体的断代史。二十四史都是用纪传体写成的。纪传体实际上是一种综合性体裁，包括本纪、世家、载记、列传、书志、表和史论。本纪，基本上是以帝王为中心的编年体。世家，主要是记载诸侯和贵族的历史。载记，是叙述割据政权的历史。列传，是各方面代表人物的传记。书志，是关于典章制度和有关自然、社会各方面的历史。表，是用来表述错综复杂的社会情况和无法一一写入列传的众多人物。史论，是对历史人物和历史事件的评论。优秀的纪传体史书把这些体裁配合起来，形成一个相辅相成的整体。纪传体的优点是以记述历史人物为中心，可以更多地反映各类人物在历史上的活动。同时，它包容量大，记述范围比较广泛，便于通观一个时期历史的发展形势。它的缺点是难以清晰地表达历史发展的时间顺序和各事件、各人物之间的联系。

3. 纪事本末体

这种体裁既不同于编年体以纪年为主，也不同于纪传体以传人为主，而是以记事为主，把历史上的大事，详其首尾，集中表述其过程。无论是编年体还是纪传体，在记事方面都有缺陷。南北朝以后，许多史学评论家如刘知幾、皇甫湜等在评论史书体裁的同时，也在寻求解决编年、纪传不足的办法，提出"尽事之本末"的撰述思想。这一思想最终由南宋史家袁枢实现，从而创立了纪事本末体。袁枢依据《资治通鉴》的内容，总括为239事，分别列目，各自成篇，并于各篇之间基本按照时间顺序编排，撰成《通鉴纪事本末》42卷。此后，用这种体裁撰成的史著有明朝陈邦瞻的《宋史纪事本末》《元史纪事本末》，清朝高士奇的《左传纪事本末》，李有棠的《辽史纪事本末》《金史纪事本末》，张鉴的《西夏纪事本末》，谷应泰的《明史纪事本末》，近人黄鸿寿的《清史纪事本末》。纪事本末体史书克服了编年体和纪传体在纪事方面"首尾难稽"的缺点，并能做到"文省于纪传，事豁于编年"，[1]在史书体裁上是一个重要的进步。

4. 典制体

分门别类、记述历代的典章制度的史书称典制体史书。它是纪传体史书中书志的发展，从纪传体史书

---

[1] 章学诚:《文史通义·内篇一·书教下》,《章学诚遗书》, 第4页。

中分离出来，形成独立的体裁。我国第一部有影响的典制史是唐代杜佑撰的《通典》。它与《文献通考》《通志》被后人合称"三通"。《通志》其实是以纪传为主的史书，典制只占书中一部分。典制体也有断代为书的，专详一朝典章，通常称为"会要"。如北宋王溥的《唐会要》《五代会要》，南宋徐天麟撰的《西汉会要》《东汉会要》等。不同的书，所分类别不同。如《通典》分食货、选举、职官、礼、乐、兵、刑、州郡、边防九门。每门之下分若干子目，子目之下又有细目。《文献通考》增加了门类，分为二十四门，扩大了典制体的内容。

5. 学案体

它是一种较完备的学术史体裁，由黄宗羲创立。明清之际，黄宗羲撰《明儒学案》，列学案十九目，叙明代学者二百余人。黄宗羲又撰《宋元学案》，但没有完成就去世了。后来由他的儿子黄百家以及全祖望接续完成。这两部书是学案体史书的杰作，代表了古代学术史的最高水平。学案体一般由学者传记、言行录、著作摘要、别人的有关评论等几部分组成，特别重视展现学术派别源流和师弟子传授关系。在我国典籍中，很早就有学术史篇章。先秦时期，有《庄子·天下》篇、《荀子·非十二子》篇、《韩非子·显学》篇，它们评论学术流派，可谓学术史之滥觞。《史记》中有先秦诸子传记、《仲尼弟子列传》《日者传》《龟策传》等，是以传记的形式写的学术史。《汉书·艺文志》在刘向、刘歆父子《别录》《七略》的基础上，以目录书的形式记载了当时各个学术领域的著作。《艺文志》体现了班固"辨章学术、考镜源流"的思想，具有学术史的雏形。以后，《隋书·经籍志》《通志·艺文略》《文献通考·经籍考》及《四库全书总目》，都是以目录书形式承担着学术文化史的任务。佛教学术史著作出现较早，南北朝时僧祐就著有《出三藏记集》。儒家学术史著作中，最早的系统性著作是朱熹的《伊洛渊源录》。黄宗羲创立的学案体是中国古代学术史发展至较为成熟阶段的标志。

6. 表

表也是一种重要的体裁，它通常跟其他体裁相互配合，但也有个别单行的。《史记》中的"世表""年表""月表"，《汉书》中的《古今人表》《百官公卿表》，

《新唐书》中的《宰相表》《方镇表》等等，都是跟其他体裁结合起来，相辅而行。表的好处，一是减少繁文，用较少的篇幅记载较多的史事；二是条理清晰，"于梦如乱丝之中，忽得梳通栉理"[1]；三是总括遗漏，使难以载入正文的人和事也能得到适当的反映。因此，史表历来受到不少史家的重视。清代学者对史表多有贡献，除对旧史增补阙表外，还撰有专书。如万斯同的《历代史表》、王之枢等人的《历代纪事年表》、六承如的《历代纪元编》、顾栋高的《春秋大事表》、乾隆年间官修的《历代职官表》等，都是用功很深的表体史著。

7. 评论体

是专就史事、史书、史学进行评论或论断的一种体裁。它可分为两类。一类是对史事的评论，如贾谊的《过秦论》、班彪的《王命论》、曹冏的《六代论》、朱敬则的《十代兴亡论》等。这是史事评论的单篇。宋代以后，关于史事评论的专书不断出现，范祖禹的《唐鉴》、孙甫的《唐史论断》、李焘的《六朝通鉴博议》

---

[1] 章学诚：《文史通义·外篇三·与族孙守一论史表》，《章学诚遗书》，第91页。

等，都是这类著作。而明清之际王夫之的《读通鉴论》
《宋论》，则是我国传统史学中史事评论方面最高水平
的史著，是评论史事专书的代表作。另一类是对史书
和史学的评论。刘勰《文心雕龙·史传》篇是我国较
早的史学评论专篇。刘知幾的《史通》是第一部史学
评论专书。章学诚的《文史通义》则是史学评论的另
一部代表性作品。

　　史书各种体裁间的区别，是就其总的方面来说的。
事实上，史书的不同体裁之间往往是互相补充和综合
的。某一史书从总的方面看属于某种体裁，但在具体
的表述上，有时不免吸取其他体裁的形式。史书体裁
是史书在表述上的形式。形式和内容是辩证统一的
关系，编撰史书，不可不讲究体裁，但也不能为体裁
所拘。采取什么样的体裁写作史书，这往往视具体情
况而定。

　　编著史书而讲体例，是中国史学的重要传统之一。
《春秋》可以说开重体例之先河。《春秋》记事虽然简单，
但每记一事，差不多都标明这个事件发生在某年、某
季、某月、某日，这就是体例。表达同样的意思，用
字不同。如记国君被杀，本国人杀国君用"弑"，别国

人杀国君用"戕"，本国之贱者杀国君用"杀"；记战争，攻人之国，这个国家有罪用"伐"，无罪用"侵"，偷偷地进行用"袭"。这也是体例，也就是所谓的"书法"。此后中国史书无不讲体例，著名的史家如司马迁、班固、荀悦、袁宏、范晔等都有自觉的重体例思想，体例问题也因此成为史学批评的重要内容之一。刘知幾说："史之有例，犹国之有法。国无法，则上下靡定；史无例，则是非莫准。"[1] 郑樵也说："类书，犹持军也。若有条理，虽多而治，若无条理，虽寡而纷。类例不患其多也,患处多之无术耳。"[2] 章氏遗书本《文史通义·外篇》三卷，基本上是讲体例的。《书教》《史学例议》《史篇别录例议》《与邵二云论修宋史书》等，都是论体例的名篇。

　　史书体例的内容相当广泛。断限、标目和编次，是有关一部书全局的体例。如何记时、记地和记人，也是体例中的重要部分。其他还有载言、载文、征引、议论、注释等，也属于体例的范畴，也是比较重要的。

---

[1] 刘知幾：《史通·序例》，浦起龙《史通通释》，第88页。

[2] 郑樵：《通志》卷71《校雠略·编次必谨类论》。

一般说来，一部史书应有统一的体例。体例紊乱，不利于读者对史书内容的理解，有时还会影响它的传播，减弱它的学术影响和社会影响。所谓统一的体例，是从史书的整体和全局着眼的。如果从它的部分和局部来看，还须有一定程度的灵活性。刘知幾很讲体例，但是他的不足在于将体例说得太死。章学诚纠弊救偏，所持论断比较全面。他说："史为记事之书。事万变而不齐，史文屈曲而适如其事，则必因事命篇，不为常例所拘，而后能起讫自如，无一言之或遗而或溢也。"[1] 也就是说，重视体例，但决不是要使历史的内容来适合体例的规定、"削足适履"，而是努力使体例更好地表述历史的丰富内容。既要讲究体例又要对体例作比较灵活的运用，才是编著史书在对待体例问题上的正确认识。

（二）历史编纂学和历史文学

历史编纂学是关于历史编纂的专门学问。它是从

---

[1] 章学诚：《文史通义·内篇一·书教下》，《章学诚遗书》，第 4 页。

英文 historiography 翻译过来的。实际上，在中国古代，历史编纂学极其发达，关于历史编纂的理论和方法非常丰富。这与中国传统史学的发达、史部典籍的繁富是一致的。历史编纂学，是中国史学史研究的重要内容之一。

史书的编纂，是表述史学成果的最重要的形式，也是传播历史知识的重要途径。中国的重要史学批评著作如《史通》《文史通义》等基本上都是围绕着史书的编纂而展开论述的。历史编纂学的产生和发展，是史学自觉的重要标志。历史编纂学研究的内容也相当广泛，如史书的体裁和体例，会通与断代，史法与史意，乃至史书的文字表述，等等。中国关于历史编纂的研究具有悠久的历史。孔子著《春秋》即有明确的编纂学意识。孔子修《春秋》，"发凡言例""属辞比事"，即有其所谓的"春秋笔法"。孔子也说，知我者，《春秋》也；罪我者，《春秋》也。司马迁说孔子修《春秋》，"笔则笔，削则削，子夏之徒不能赞一辞"。[1] 可见，孔子在《春秋》中是自觉地运用编纂手法来寄托他的

---

[1]　司马迁：《史记》卷 47《孔子世家》，第 1944 页。

"微言大义"。杜预《春秋左氏经传集解》曾归纳《春秋》有"五例"："微而显""志而晦""婉而成章""尽而不汙""惩恶而劝善"。[1] 我国的史学名著如《史记》《汉书》《汉纪》《后汉纪》《后汉书》等都有关于史书编纂的理论论述，表明这些著作的作者懂得历史编纂学对修史的意义。《文心雕龙·史传》篇讨论了史书编撰的各个环节，《史通》则对编撰史书的每个方面进行了系统论述，重点论述了史书的体裁、体例问题。而《文史通义》又在刘知幾、郑樵等人著作的基础上对史书编纂进行了更高层次的探讨，重点论述了史法与史意的辩证关系以及史法如何更好地表现史意的问题。章学诚把中国的史书分为两大类，即撰述和记注，并分别对它们提出了要求。他说："撰述欲其圆而神，记注欲其方以智也。夫智以藏往，神以知来，记注欲往事之不忘，撰述欲来者之兴起，故记注藏往似智，而撰述知来拟神也。藏往欲其赅备无遗，故体有一定，而其德为方；知来欲其决择去取，故例不拘常，而其德

---

[1] 杜预：《春秋经传集解序》，《十三经注疏》（下），上海古籍出版社，1997年版，第1706页。

为圆。"[1] "记注"相当于今天的编书,"撰述"相当于著书。对"记注"的要求是"方以智"。所谓"方",是说作者必须讲究一定的体例,使其可以具备各方面的记载,做到"赅备无遗";"智",是说作者应有相当的知识水平,使其所编的书储存丰富的历史知识,做到"智以藏往";"圆",是说作者在著述方法上应有"别识心裁",不为成例所拘,但又不是不要体例,而是能对各种体例运用自如;"神"是说作者在著述思想上的远见卓识,做到"神以知来"。"方以智"和"圆而神",是对编著史书提出的很高的要求[2]。章学诚是中国传统史学理论的殿军,他的历史编纂学理论是中国史学理论的瑰宝,值得珍视。

中国传统史学蕴含丰富的历史编纂思想,关于历史编纂的专论、专书等,无论是数量,还是论述的广度和深度,均超过西方。但把历史编纂学作为一门学科进行探讨,则是随着近代意义上的中国史学史学科的产生和发展提出的,它是中国史学史的分支学科。

---

[1] 章学诚:《文史通义·内篇一·书教下》,《章学诚遗书》,第4页。

[2] 参见白寿彝主编《史学概论》,宁夏人民出版社,1983年版,第143页。

目前这门学科的建设还极其薄弱，它还没有完全脱离中国史学史这个母体而成为具有独立生存能力的个体。中国丰富的历史编纂学遗产为它的独立存在提供了坚实的基础，随着学科的发展，它的独立和繁荣也是必然会实现的。

历史文学，一般说来，有两个意思：一是指用历史题材写成的文学作品，另一个意思是指真实的历史记载所具有的艺术性的文字表述。史学史研究的一般是后者[1]。历史文学与历史编纂学关系密切，从史书编纂的角度看，它应该是历史编纂学的一部分。史学和文学在秦汉以前界限不明。《尚书》和《诗经》是我国最早的文献典籍，也是重要的儒家经典。《尚书》是政治文献的汇集，但已备有多种文体，是后来各体散文的创始。《诗经》是古代最早的诗歌总集，由风、雅、颂组成。颂是庙堂文学，包含许多历史事实。雅有大雅、小雅，也有不少历史内容，如《生民》《公刘》等篇歌颂了后稷、公刘等英雄人物，从体裁看，已有了历史人物传记的雏形。国风和雅的一部分基本上是纯文学

---

[1]　白寿彝主编《史学概论》，第189页。

作品。而《春秋》则是一部不具备文学性格的历史书。至两汉，史学和文学分为两途已很明显。但大历史家如司马迁、班固，同时也是大文学家。《史记》《汉书》也被认为是高水平的文学作品。此后，魏晋南北朝隋唐，史学作品的文风都受到文学作品的影响。正因为如此，中国史学具有重视文字表述的传统。《左传》《史记》《资治通鉴》等在写战争、铺设场面、刻画人物等方面都令人叹为观止。中国的史学评论家也注重在语言表述上下功夫。班彪称赞司马迁有良史之才，"服其善序事理，辨而不华，质而不俚"。刘勰、刘知幾等把文字表述、篇章结构作为重要的史学批评标准。刘知幾还对史家提出"史才"的要求。宋代的吴缜强调史书以"事实"为基础，但"必资文采以行之"。章学诚《文史通义·文理》篇对于如何发挥"文字之佳胜"的问题，更有精辟的分析。白寿彝先生主编的《史学概论》，对中国传统史学的写作经验进行了概括，提出了两点："闳中肆外"和"艺术加工"。"闳中肆外"是韩愈在《进学解》中提出的，章学诚在《文史通义·文理》篇中又作了发挥，主要是言之有物、文以载道之意。关于"艺术加工"，古人的要求是讲文德、尚简、用晦等。

在总结传统史学写作经验的基础上，白寿彝先生在他著的《中国史学史》(第一册)中又作了进一步的归纳。他说："把我国的历史文学的优良传统总结出来，我想最值得注意的是这样的六个字：准确、凝练、生动。"[1]准确，是恰如其分地反映历史的真实；凝练，是以简练的方式表述比较丰富的内容，凝练须以准确作基础；生动是在前二者基础上的更高要求，那就是要把历史写得活灵活现，能够感动读者，它需要对表述的对象有更深的理解，也需要作者更有才华。

中国传统史学有许多优秀的历史文学遗产，深入挖掘、总结这份遗产，对于繁荣新时期的史学事业具有重要的意义。

(三)史家修养论

中国史学非常重视史家修养。关于史家修养的内容，可用史家四长进行概括。所谓史家四长，就是史德、史才、史学、史识。

---

[1] 白寿彝:《中国史学史》第一册，第28页。

史德，指史家著史的道德修养，即"著书者之心术"。它要求史家著史时，要有"好是正直，善恶必书"的直书精神及尊重客观历史、不以主观好恶评论史实的公允的态度。史才，指的是史家的能力，包括驾驭文献的能力，史书体裁、体例之运用和文字表述的能力。史学，说的是史家的知识素养及对史料的占有、掌握程度。史识即史家的历史见识，主要指洞察历史、揭示历史本质的能力。

中国史学批评，自古注重从史家主体修养的角度来进行。孔子评价晋大史董狐"书法不隐"，称赞他是"古之良史"。孟子评论《春秋》，提出"事""文""义"等史学的基本要素。班氏父子更称赞司马迁有"良史之才"："其文直，其事核，不虚美、不隐恶，故谓之实录。"刘勰则以左丘明、南史氏、董狐为史家楷模。到唐朝刘知幾时，对史家的要求就有了比较全面系统的论述。将史家之"才、学、识"连在一起明确提出来，刘知幾是第一人。《唐会要》卷63《史馆上·修史官》条和《旧唐书·刘子玄传》记载了刘知幾的论述：

礼部尚书郑惟忠尝问子玄曰："自古已来，文士多而史才少，何也？"对曰："史才须有三长，世无其人，故史才少也。三长：谓才也，学也，识也。夫有学而无才，亦犹有良田百顷、黄金满籯，而使愚者营生，终不能致于货殖者矣。如有才而无学，亦犹思兼匠石，巧若公输，而家无楩柟斧斤，终不果成其宫室者矣。犹须好是正直，善恶必书，使骄主贼臣，所以知惧，此则为虎傅翼，善无可加，所向无敌者矣。脱苟非其才，不可叨居史任。自复古已来，能应斯目者，罕见其人。"时人以为知言。[1]

其实，刘知幾《史通》一书就是围绕这几个方面来展开史学批评的，只是没明确从史家主体的角度来进行罢了。上引刘知幾与礼部尚书郑惟忠的对话，被认为是"影响波及千年以上的名对"[2]，对此后中国史学评论的发展影响很大，人们评论史家，大多不出"才、学、识"的范围，即使诗歌评论家袁枚，也运用它来评论诗："作史三长：才、学、识，缺一不可。余谓诗

---

[1] 刘昫等撰：《旧唐书》卷102《刘子玄传》，中华书局，1975年版，第3173页。

[2] 瞿林东：《中国古代史学批评纵横》，中华书局，1994年版，第28页。

亦如之，而识最为先。非识，则才与学俱误用矣。"[1]
章学诚则在刘氏的史才三长论的基础上，又明确地提
出史德。其《文史通义》中的《文德》《史德》《与邵二
云论修宋史书》等篇，皆论及史德。他说："夫史有三长，
才、学、识也。"[2]"记诵以为学也，辞采以为才也，击
断以为识也，非良史之才、学、识也。虽刘氏之所谓才、
学、识，犹未足以尽其理也。""能具史识者，必知史德。
德者何？谓著书者之心术也。"[3]明确提出"史德"的
概念，是章学诚在史学批评理论上的一个重要贡献。
梁启超《中国历史研究法补编》，设"史家的四长"一
章，综合刘、章的理论，并重新排序，把"史德"排
在史学、史识、史才的前面[4]，使这一理论得到进一步
的完善。

　　史德、史学、史识、史才，既是对史家的基本要
求，也是史家批评的基本范畴。这些范畴，在不同的
历史时期，具有不同的内涵，因而不免具有历史的局

---

[1]　袁枚:《随园诗话》卷 3，人民文学出版社，1982 年版，第 87 页。

[2]　章学诚:《文史通义·内篇二·文德》,《章学诚遗书》，第 17 页。

[3]　章学诚:《文史通义·内篇五·史德》,《章学诚遗书》，第 40 页。

[4]　梁启超:《中国历史研究法补编》,《饮冰室合集》专集之九十九，第
　　13 页。

限性，但只要我们善于批判地继承，并在新的历史条件下，赋予它们新的内容，这个"史家的四长"论对加强新时期的史家修养、促进当代史学发展，依然具有宝贵的价值。

五、研究中国史学史的知识准备、一般步骤以及需要注意的问题

（一）知识准备

研究中国史学史，是一项精深的学术工作。从事这项工作，应具有合理的知识结构，打好基本功。这是研究工作得以进行的前提。当然，基本功的训练是长期的乃至一生都应坚持的。那么，进入中国史学史研究领域，要做怎样的知识准备？我认为下列几个方面值得注意。

1. 全面系统地学习中国史学史教科书

要在某一领域从事研究，就要熟悉这一领域的基

本知识。中国史学史教科书是对中国史学史基本知识的系统化整合，应全面系统地学习和掌握。

中国史学史一旦作为一门独立的学科建立起来，作为一个学科门类，它就有自己的特殊性。史学史是一门什么样的学科？它研究的对象是什么？它研究的范围和研究的内容如何界定？学习这门学科有什么意义？这些问题是本学科专业工作者必须清楚的问题。这些问题的答案与其他学科同样问题的答案是不同的。通过学习教科书，就可以比较系统地掌握这些问题的答案。

作为独立的学科，史学史还有其研究内容的连续性。认识史学发展的连续性，探寻史学发展的前后联系，是这门学科所要解决的重要问题。史学在长期的发展过程中，有没有阶段性？各个时期史学的特点是什么？这些特点是由哪些因素造成的？这些问题也是史学史所要回答的基本问题。史学史学科的发展历程表明，这些问题并不是很容易回答。从梁启超的"史学史的做法"到金毓黻的《中国史学史》，再到白寿彝的《中国史学史》第一册，可以看出人们探寻这些问题的艰难足迹。今天的史学史研究者，如果对这些问题没有清晰的认识，对前人在这些方面的探索茫然不知，一切从头开始，那么他就很难迈进史学史学科的殿堂。而这些问题，在优秀的中国史学史教科书中都有论述。

史学史研究还需要思维方面的专业训练。史学史研究并没有固定的思维模式，但在长期的探研中，它也逐步形成自己的特点，与其他学科的研究在思维上有所不同。它在抽象思维方面要高于社会史研究。习惯于社会史研究的人研究史学史、撰写史学史的文章，开始总觉得困难。纯理论研究在抽象思维方面一般高于史学史研究，但经常进行抽象思维往往使研究者在概念的世界里驰骋，而不善于结合具体事实。一旦要求从具体的事实中谈论理论问题，他们的思维方式就被打乱，抽象思维难以进行，因此，他们从事史学史研究，也感到不适应。史学史研究既要有丰富的历史知识、史学史知识，又要有较强的理论思维能力，特别是要善于进行理论和事实的结合。它与社会史研究、纯理论研究有所不同。研究史学史，必须学会适宜于史学史研究的思维方法。而史学史研究的思维方法只有通过史学史知识的系统学习，才能体会得到，才能逐渐地掌握。因此，从培养史学史研究的思维的角度讲，对中国史学史教科书进行系统学习也是十分必要的。

史学史研究还需要有贯通的眼光、全局的观念。史学史的内容十分丰富，内容之间既有纵的方面的联系，也有横的方面的联系。研究史学史，即使是个案研究，都不可能是孤零零地进行，总会涉及史学史的各方面的知识，涉及该个案前后左右的史家和史著，涉及当时的社会条件等，这样，就要求史学史研究者具有贯通的眼光、全局的观念。而这种眼光、观念的取得，则主要来自系统的史学史知识的学习。

史学史研究，需要全面系统地掌握已有的研究成果。史学史的学术成果表现为资料汇编、研究论文、史学史教科书或史学史专著。其中，史学史教科书从总体上反映史学史研究的状况和水平。一部优秀的史学史教科书，不是若干论文的简单相加，也不是史学史相关内容的七拼八凑，它需要作者的通识，需要表现出史学发展的有机联系。因此，系统地学习史学史，除了听老师课堂讲授外，研读中国史学史教科书或中国史学史专著也非常重要，它们是已有成果的最集中的体现。

下面推荐几本中国史学史教科书和中国史学史专著：

金毓黻著《中国史学史》，河北教育出版社 2000 年版。

白寿彝主编《中国史学史》，北京师范大学出版社 2004 年版。

瞿林东著《中国史学史教程》，高等教育出版社 2011 年版。

吴怀祺著《中国史学思想史》，商务印书馆 2007 年版。

乔治忠著《中国史学史》，中国人民大学出版社 2011 年版。

朱维铮著《中国史学史讲义稿》，复旦大学出版社 2015 年版。

谢保成著《增订中国史学史》（四卷），商务印书馆 2016 年版。

这些书，有的是教学讲义，有的是教材，有的是专著。最好先选取其中一部从头到尾地研读。在掌握中国史学史的基本内容之后，再作比较性的研读，以获取长补短之效。目前在高校本科生和研究生教学中使用比较多的是下面三部著作。

金毓黻著《中国史学史》。 这部书是金毓黻1938年在中央大学史学系任教时编撰的一部中国史学史讲义，1944年出版后得到好评，以后被当时的教育部定为大学用书。这部书的优点是内容丰富、资料翔实。作者在史部文献目录方面的功力很深，读之可以获得大量的史学史方面最基础的知识。1957年作者作了简略的修订，删去了最后一章，由商务印书馆再版，1962年中华书局重印。修订后的版本一般高校图书馆皆有，修订前的则不易找到。然初版本依然有独立存在的价值。河北教育出版社2000年对金氏著作进行了校点，前九章以修订后的版本为蓝本，把金氏删掉的"第十章""结论"又收进来，作为附录，使读者既能读到修订本，又能看到初版本的面貌。

白寿彝主编《中国史学史》。 该著是在20世纪60年代白寿彝先生撰写的中国史学史教本的基础上，由他的学生执笔完成的，执笔者依章节顺序为瞿林东、陈其泰、吴怀祺、施丁、顾诚等五位教授。上自远古，下至改革开放之初的1979年。2000年10月由北京师范大学出版社出版，书名为《中国史学史教本》。以后重印该书时，出版社为了与出版的系列教材的其他书名相协调，改为《中国史学史》。该书既体现了白寿彝先生长期研究和教授中国史学史的思想，又发挥了众家之长，是一部高水平的中国史学史著述，也是一部切实可用的大学本科及研究生教本。

瞿林东著《中国史学史纲》。该书63万字，是中国史学史教材中部头较大的一部。北京出版社1999年出版。高等教育出版社2011年出版该书，改为《中国史学史教程》。书中有一长篇导论，对中国史学史的基本理论和中国史学的基本特点作了论述。该书注意吸收前人在史学史编纂方面的经验教训以及研究成果，对史学史的发展有高度自觉的总结意识。该书有四个突出特点——重"通"、视野开阔、兼顾全面和重点、自觉把中国史学史写成多民族的史学史。

2. 研读名著

系统地学习史学史知识，主要通过这样的途径——听教师课堂讲授，阅读中国史学史教科书或系统的中国史学史专著。这样的学习，还属于间接地学习，即学习别人对史学史的认识成果。这种学习固然重要,但不能满足于此。学习或研究史学史,归根结底,要靠研读作为第一手资料的史学文献、史学著作。阅读别人的著述,是间接地学;阅读原著,则是直接地学。间接地学与直接地学可以互相补充,但不可互相代替。间接地学为直接地学打基础,直接地学则是在间接学习基础上的更高要求。

中国史学文献繁富,读不胜读,那么,直接地学,从哪里着手呢? 1987 年,北京师范大学史学研究所主办的专业学术刊物《史学史研究》专辟"读书会"栏目,意在提倡认真读重要史著,以提高研究水平。栏目列了 27 部书,它们是:

《尚书》《诗经》《周易》《周礼》《仪礼》《礼记》《春秋》《左传》《公羊传》《穀梁传》;

《史记》《汉书》《后汉书》《三国志》;

《续汉书》的《志》《五代史志》;

《通典》《通志》《资治通鉴》《文献通考》《史通》《文史通义》;

《宋元学案》《明儒学案》;

《明夷待访录》《日知录》《读通鉴论》。

后来,白寿彝先生又增添了三部:《论语》《孟子》

《读史方舆纪要》[1]。这样,这个读书会栏目所列的书就达到 30 部。这 30 部书,显然不是随便定下的,而是经过深思熟虑才列出来的。其中包含经部书、正史类、通体类、学案类、史评类、历史地理类等。它们在中国史学史上都具有重要地位,对中国史学的发展产生了深远的影响。

这些书,短时间内读不完,十年能读完就很好了。这就要求:一是制订长远计划,把读重点书坚持下去;二是选择重点中的重点书或重点书中的重要篇章先行研读。这 30 部书中,《史记》《史通》《文史通义》是重点中的重点。《史记》是历史著作中最有影响的一部著作。此后的历史著作,在记述历史的范围、编纂方法等方面,都受到它的影响。因此,要认识中国史学,首先必读《史记》。《史通》《文史通义》分别是中国封建社会中期和末期的史学理论著作,是研治中国史学史的经典文献。不管这两部书有怎样的历史局限性,它们对中国史学的反思毕竟是最系统的,代表着当时的最高水平。

---

[1] 见《白寿彝史学论集》(上),北京师范大学出版社,1994 年版,第 292 页。

著名史学家白寿彝先生经常强调要有重点地读书。他说："我体会到，为了研究中国史学史而读书，要如畅游长江大河，务揽其优胜，要在'优胜'上多下功夫。江河一泻千里，历万水千山，如泛泛观望，不会有什么奇趣。如果在优胜之区多所盘桓，意境自会不同。"[1] 对重点史著多下功夫，才能领略中国史学的精华，才能有效地把握中国史学的特征，才能为探讨史学发展的规律积累信息和睿智。重要史著读得熟、读得多，史学史研究的基础才能打得牢固。基础牢固，研究工作才能得心应手。因此，从事中国史学史研究，研读名著之功不可缺少。

3. 掌握相关学科的基本知识

史学史研究者，首先应是一个称职的历史研究者，具备普通历史研究的基本素养。研究史学史，除了学好本专业的基本知识，还应该具备与本专业相关学科的基本知识。史学史是关于史学的专史，一般地说，它比普通历史学又精深了一步。没有普通历史学的知

---

[1]　白寿彝:《中国史学史》第一册，第183页。

识，难于学习史学史。

著名史学家杨翼骧先生非常强调打好基本功的意义。他说，基本功的问题十分重要，可以说每时每刻都在影响对资料的理解和文稿的写作。他举数学家华罗庚、史学家钱穆为例，说他们成为著名教授后，还认真阅读高中课本，因为他们自学成才，担心自己基础不牢。对于中国史学史的基本功，他指出在几个方面需要打好，即古代汉语、四书五经的知识、目录学、中国通史、中国哲学史、中国文学史、辅助学科（文字学、训诂学、校勘学、避讳学）。另外，要全面系统地掌握史学史知识。研究史学史个案点的问题，也有必要了解全局。他培养研究生，往往在研究生刚入学时，就发给他们一个《中国史学史阅读书目》。该书目包括 18 类书，依次是：马克思主义经典作家论历史科学，20 世纪五六十年代关于史学史基本问题的论文和报道，胡绳、翦伯赞、吕振羽、邓拓等人关于现代史学史的论文，梁启超、何炳松、朱希祖、柳诒徵、杨鸿烈的史学研究法或史学通论类著作，魏应麒、王玉璋、金毓黻、梁启超的中国史学史或清代学术史著作，郑鹤声、姚名达、余嘉锡的目录学著作，中国古代的目录学著作，中国古代的史学评论著作，重要史学家传记，重要史书的自序及上表，近代所作的史学家年谱，有关史学的考证及评论，史学家文集、全集中有关的文章，关于史事的评论，史学名著，中国史学史论集及当代中国史学史著作，西方史学史著作，有关史学的书籍及报刊上有关史学史的文章。他的弟子乔治忠教授说："这是每届研究生入学时必然发给的攻读书目，历年补充修订，并非固化的文件。不仅如此，面交此文件后，先生要从头到底将之说明讲解，每篇文、每部书，内容如何，特点如何，何处论述精要，何处存在问题等等，娓娓道来，一举把学生引入专业门径。"[1]

其次，史学史的学科特点，也决定了它与某些科目联系得更加紧密一些，所以史学史研究者还要对这些科目下一番功夫。它们是文献目录学、语言学、中国通史。

文献目录学

目录之学，是治史的门径。陈垣先生说，读史必

---

[1]　乔治忠：《杨翼骧文集·前言》，南开大学出版社，2019年版。

自目录学始。中国历史文献浩如烟海、汗牛充栋，不懂目录学，去寻找、搜集资料，简直如大海捞针。历代的文献目录学家，一方面为了文献的保存和流传，依据一定的方法，对文献进行了著录；另一方面他们所做的工作也为后人进行学术研究起到铺路架桥的作用。史学史，是认识史学的发展过程和规律的学问。而做到这一点，必须以历代的历史学文献为资料。一个时代史学著作数量之多寡、史学著述之种类、史学水平之高低，可以从著录该时代典籍的目录学书中看得出来。在史学史学科的早期阶段，史学史保留了书目解题的形式，要籍解题的气味非常明显。这固然是史学史学科还没有充分发展的局限所致，但也说明史学史与文献目录学存在着非常密切的关系。这种密切的关系是客观存在的，即使随着史学史的发展，史学史脱离了文献目录学的脐带，二者的关系依然是较为密切的。因此，研究史学史，不能没有文献目录学这个工具。

中国的文献目录学，严格地说，始于西汉之刘向、刘歆。汉成帝时国家大规模地进行图书征集整理，刘向、刘歆父子先后负责其事，并撰成《别录》《七略》。

此二书已佚失，然《汉书·艺文志》保存了《七略》的梗概。《汉书》设立艺文志，开创了正史重视史籍著录之先河，并申明"部次条别，将以辨章学术，考镜源流"的思想，为目录学的建立做出了贡献。

魏晋以后，书籍日多，目录学也有相应的变化。《隋书·经籍志》采用了新的分类法，把《七略》的六分法，改为经、史、子、集四部分类，附以道书和佛书。宋代目录学，大致可分为两派。一派是重视书籍的分类，注意分类的义例，这以郑樵的《通志》为代表；另一派是重视书籍的解题，晁公武的《郡斋读书志》和陈振孙的《直斋书录解题》都属于这一派。他们也不是不讲分类，但重点是书的解题。宋元之际的马端临所著的《文献通考》，其中的《经籍考》，有76卷，是沿着晁公武、陈振孙的路子而作的目录书。清乾隆年间，在编《四库全书》的同时，分别为著录及存目的所有书籍撰写提要，其中包括作者介绍、全书内容、流传情况，并论述书中得失，辨订书中文字。全部提要，由纪昀定稿，汇集为《四库全书总目》200卷，按经史子集四部分类。《四库全书总目》以外，还有《四库全书简明目录》，解题简略，删除存目，便于检阅。

清末张之洞的《书目答问》和近人范希曾的《书目答问补正》，为读者提出若干种基本读物，便于参考，流传较广。余嘉锡的《目录学发微》和《四库提要辨证》，是目录学上有功力的著作。陈垣先生在目录学上也有很大贡献。

文献目录学，还涉及版本、校勘、辑佚、辨伪、注解和考证等学问，在学习文献目录学的过程中，对这些学问也应有所涉猎。

了解文献目录学史，熟悉重要的目录学著作，能够使研究者少走弯路，使研究者对自己要研究的资料了如指掌。因此，文献目录学是史学史研究的路标，它可以成为史学史研究者手中的有力工具，研究者要重视利用它。

语言学

所谓语言学，是一种笼统的说法，具体地说，是指古代汉语和外语。研究中国史学史，必须有坚实的古代汉语基础，否则就不能很好地读通古代史学文献、不能有效地搜集史料和消化史料，在史学史研究过程中自然就会遇到严重的障碍。研究古代的史学史，要求加强这方面的修养，研究近现代的史学史，也不可忽视之。这是因为古代的史学史和近现代的史学史是有联系的。不通古代史学史，近现代史学史也难于深入。

打好古代汉语的基础，学习一些文字、训诂和音韵方面的知识是必要的。这些知识对掌握古代汉语极有帮助，它们从不同的角度，揭示了古代汉语的形、音、义规律。从事先秦史学史的研究，在这方面的要求要更高一些。殷、周语文与两汉之后的语文有很大不同，没有这些专门知识，很难对甲骨文、金文乃至《尚书》《诗经》等有自得的理解。提高古代汉语水平的另一方式是多读。古代汉语也有一些文法，也有实词、虚词的分别，然光靠学习文法，效果并不理想，许多人的实践证明，熟读乃至背诵相当数量的优秀古文是一种好方法。此法看似很笨，更令成年人苦不堪言，然却收效大，并能受益终生。

外语对于中国史学史研究来说也是需要掌握的工具。这是因为，第一，中外学术交流越来越多。与国外同行进行学术交流，了解国外同行的研究动态和最新成就，外文不好很不方便。第二，中外史学交流也是中国史学史研究的内容之一。不掌握相关的外文，外文资料无法利用。作为工具，外语在中国史学史研究中的作用越来越重要。在学习语言的良好年龄段，青年朋友在外文方面多花些时间是值得的。我国老一代的史学史专家，如何炳松、耿淡如、齐思和、谭英华、张芝联等，他们的外语水平都极高，有的还精通多门外语。正因为这样，他们才能够融贯中西、成绩斐然。

中国通史

研究史学史，还要有中国通史知识作基础。对任何专史的研究，都不能不以普通历史为前提和基础。史学史是作为历史学中一门特殊的专史，对于这个前提和基础，自然会有同样的要求。

史学是社会意识形态的一部分。一定的社会意识总是一定社会存在的反映，不管这种反映是直接的还是间接的。任何一部史学作品，都是在一定的社会条件下出现的。它因社会的需要而产生，又反过来对社会具有反作用。所以，研究史学史，决不能就史学论史学，把史学史搞成象牙塔里的学问，而是要从史学和社会的辩证关系中认识史学的变迁和发展。只有这样，才能真正认清史学发展的原因，完整展示史学发展的规律性。这就要求研究一个时代的史学，首先要了解这个社会，具有关于这个社会的历史知识。20 世纪前半期出版的史学史著作，之所以难以摆脱书目解题的窠臼，根本原因就在于忽略史学和社会的关系。

中国通史知识不足，研究史学史就没有底蕴，大至一个评价，小至一个提法甚至用语，都有可能失当或错误。杨翼骧先生在强调中国通史的重要性时说："通史知识太薄弱，史学史研究无法深入，往往一出口就会造成讹误。"[1]

与史学史相关的科目还有一些，但上述内容可以说是最基本的，是从事史学史研究不可不重视的知识。

（二）中国史学史研究的一般步骤

史学史研究的步骤和方法在实际操作中是极其灵活的，这里只能进行原则性的介绍。

史学史研究一般经过五个程序：确定研究论题、收集史料、考证史料、对史料进行分析和综合、撰写论文。这样的程序通常也是其他有关历史研究所要遵

---

[1]　杨翼骧：《中国史学史的基本功》，《杨翼骧文集》，第 369 页。

循的。

确定研究论题是研究工作的第一步。这一步看起来容易，实际要做大量的准备、调查工作。研究论题选得好，对此后的研究工作有重要意义。确定论题一般从这样几个因素来考虑：一是研究论题的价值，即该论题有没有研究的意义；二是考虑本人的学术积累，在专业基础和理论修养方面能否胜任这一工作；三是考察完成这一研究论题的客观条件，主要指本人能否搜集到完成这一论题的足够资料；四是调查他人对这一论题的研究状况，若他人对这一问题已经作了比较充分的研究，再研究也提不出新的创见，选择该题就意味着重复劳动，就应该考虑更换研究论题。

研究生学位论文，与一般学术文章还有所不同。一是学位论文有一定的程式，虽不能说像八股文那样死板，但需要具备的组成部分均须有。如中文摘要、英文摘要、目录、绪论、正文、结语、参考文献都是学位论文必须具备的，否则就是结构不完整。绪论部分要包含研究内容、选题意义、学术史回顾和评述、重点难点创新点、研究的理论和方法等项目。二是在进行选题的时候，更要从创新的意义上去考虑。它要求论据充分，材料丰富，有自己的独创性见解，而不是综合已有成果，泛泛而论。杨翼骧先生在谈研究生学位论文选题时说，写毕业论文不要搞资料整理性的东西，必当有分析、有评论、有独到见解，最好达到一定理论性高度。资料整理的文章或资料编辑之书，可以发表、出版，甚至可以得到学界赞扬，但学位论文不能这样写作，这是个特殊要求。毕业论文选题目很重要。选好题目，可以一路顺畅，事半功倍。关于研究论题的选择，他也提了几条原则性意见。研究者多而且成果比较成熟者，可以暂缓。有的问题研究得差不多了，尽量不要陷入重复探索，以免劳而少功。有的课题虽然有人研究过了，其成果不令人满意，关涉面还不充分；有些问题研究文章多但多所重复且未深入，都是还可研究的选题。关键是要有自己新的见解。过去未受重视或未得关注的史家、著作、史学事项，如有较大开拓空间者，可以优先作为研究的选题。[1]杨翼骧先生的这些看法，对研究生学位论文的选题，是很有指导意义的。

---

[1]　杨翼骧：《关于史学史研究的几个问题》，《杨翼骧文集》，第375—376页。

对于初步涉入史学史领域的同志来说，选择题目，应从小处着手，不宜急于做内容广泛的大题目。研究论题确定以后，就要着手搜集有关资料。在确定论题以前，一般说来已经掌握了有关的信息和史料，但这还不是研究工作的正式开端。确定论题才算开端。开端之后的资料搜集要尽可能地做到全面系统。资料包括两个方面：一是与该论题有关的前人研究成果，二是与该论题有关的史料。

前人的研究成果可通过工具书查到，如在中国史学史方面，可以利用陈光崇主编的《中国史学史论文、著作索引》，乔治忠和姜胜利编著的《中国史学史研究述要》中的论文索引部分等。1979 年以来的《中国历史学年鉴》，中国人民大学书报资料中心出版的《历史学》，北京师范大学史学理论与史学史研究中心主办的《史学理论与史学史学刊》，都有史学史方面的论文索引，可以查阅。此外，运用现代信息技术搜索相关的研究成果更加快捷、方便。对已有的研究成果，要作出分析，指出其成绩和不足，以便在借鉴前人成果的基础上有新的进展。

马克思主义史学的治学态度是"详细地占有材料，

在马克思列宁主义一般原理的指导下，从这些材料中引出正确的结论"。[1] 史学史研究也要如此。陈垣先生治史，有"竭泽而渔"之说，意思是收集史料不要有任何遗漏。当然，对于大多数研究论题来说，真正做到这一点是极其困难的。但我们应以此为目标，向这个目标努力，不能放过任何能够搜集到的相关的史料。

对于史料，必须注意鉴别、考证。如我们研究一个史家的史学思想，在他名下的史学作品不是他作的，而是他人伪托的，以这样的作品为根据就不能得出正确结论。郭沫若说："无论作任何研究，材料的鉴别是最必要的基础阶段。材料不够固然大成问题，而材料的真伪或时代性如未规定清楚，那比缺乏材料还要更加危险。因为材料缺乏，顶多得不出结论而已，而材料不正确便会得出错误的结论。这样的结论比没有更要有害。"[2] 也就是说，搜集了史料，要对之进行"去粗取精，去伪存真"的整理工作。经过了"整理"的史料，

[1] 毛泽东:《改造我们的学习》,《毛泽东选集》第 3 卷，人民出版社，1991 年版，第 801 页。

[2] 郭沫若:《古代研究的自我批判》,见《十批判书》,《郭沫若全集·历史编》第 2 卷，人民出版社，1982 年版，第 3—4 页。

方可使用。

搜集、整理史料，是研究工作的初步阶段。历史的发展是复杂的，搞清历史的真相需要对史料进行研究，对史料进行"由此及彼，由表及里"的分析和综合。对史料进行分析和综合，既涉及历史观的运用，也涉及具体的研究手段和方法。就是说，一旦从搜集和考订史料、排比史事进入到在错综复杂的历史事实之间确立相互联系，透过纷纭的现象深入本质、揭示规律的时候，研究者的历史观、方法论将起重大的作用。如果没有正确的思想观点和深湛的理论素养，研究工作必将举步维艰。史学研究不是史料的钩沉、排比，而是在此基础上，探明历史真相，揭示历史发展的规律。马克思说："研究必须充分地占有材料，分析它的各种发展形式，探寻这些形式的内在联系。只有这项工作完成以后，现实的运动才能适当地叙述出来。"[1] 马克思主义是科学的历史观。研究历史和史学，应自觉地运用这一人类先进的思想成果。在科学历史观的指导下，采取恰当的方法进行研究，得出科学的结论，

––––––––––

[1] 马克思:《资本论》第 1 卷，人民出版社，2004 年 1 月第二版，第 21—22 页。

这是研究工作的第四个程序。得出结论，意味着研究工作的完成。而研究成果要以文字的形式表达出来，那就是最后一个程序——科研论文的写作。

史学史研究一般遵循着从选题到论文写作这样的程序，然在实际研究过程中，往往并不像我们这里所讲的这么程式化。如有时会在读书、作札记的过程中，很自然地得出某种新认识，在札记的基础上，一篇精彩的论文可能很快完成。这里就有一定的灵活性。但仔细分析，这种灵活性与上面所谈的一般程序并不矛盾。

（三）史学史研究需要注意的问题

史学史研究已经走过了近一个世纪的历程，其间有局限，有挫折，也有成功。对史学史研究的成功经验进行总结，并在今后的研究中注意借鉴，对推动史学史的进一步发展是有意义的。

就中国史学史研究而言，下列几条值得注意：

第一，史学史研究要考察史学与社会的关系。史学是社会意识的一个组成部分，史学的特征往往能够从时代、社会中找到解释的根据。

考察史学和社会的关系，一方面要看到社会对史学的影响，如大的历史背景、史学家个人的经历和地位，都是重要的影响因素；另一方面还要看到史学对社会的反作用，如在文化保存和传播、历史借鉴、历史教育等方面所起的作用。

第二，史学史研究要注意史学和哲学的关系。史学思想和哲学思潮的关系特别紧密。一个时代的哲学总是在一定程度上对史学思想产生影响。史家对客观历史的认识、史家研究历史的方法，都与哲学关系密切。因此，认识一个时代的史学，要了解这个时代的哲学风貌。同时，史学著作蕴涵的哲学思想，也是哲学的组成部分。

第三，史学史研究要注意前后史学的联系。中国的学术史著述有考镜源流的优良传统，即注重考察学术的渊源流变。这一点对史学史研究很重要。任何时代的史学都是在前人史学成果的基础上产生和发展的。史学的历史也是"史"。要有"史"的特点，就必须考察史学的源流。

第四，史学史研究，可以从四个层面来进行。这四个层面就是史学思想、史料学、历史编纂学、历史文学。任何一部史著的成就或一个史家的史学成就，都包含这四个层面。四个层面的研究方法论是白寿彝先生提出的，它对史学史研究的系统化和深入开展，具有十分重要的意义，同时，也为史学史分支学科的建设提供了理论基础。从四个层面研究史学史，还要注意四个层面的辩证关系，注意对四个层面的综合，以从整体上认识史学。

参考文献

司马迁:《史记》

班固:《汉书》

刘知幾:《史通》

郑樵:《通志》

章学诚:《文史通义》

梁启超:《中国历史研究法》,《饮冰室合集》专集之七十三

梁启超:《中国历史研究法补编》,《饮冰室合集》专集之九十九

朱希祖:《中国史学通论》,商务印书馆2015年版

金毓黻:《中国史学史》,河北教育出版社2000年版

尹达主编《中国史学发展史》,中州古籍出版社

1985 年版

白寿彝主编《中国史学史》，北京师范大学出版社 2004 年版

瞿林东：《中国史学史教程》，高等教育出版社 2011 年版

吴怀祺：《中国史学思想史》，商务印书馆 2007 年版

乔治忠：《中国史学史》，中国人民大学出版社 2011 年版

朱维铮：《中国史学史讲义稿》，复旦大学出版社 2015 年版

谢保成：《增订中国史学史》（四卷），商务印书馆 2016 年版

白寿彝：《白寿彝史学论集》，北京师范大学出版社 1994 年版

白寿彝：《中国史学史》第一册，上海人民出版社 1986 年版

白寿彝主编《史学概论》，宁夏人民出版社 1983 年版

杨翼骧：《杨翼骧文集》，南开大学出版社 2019

年版

周文玖:《中国史学史学科的产生和发展》,北京师范大学出版社 2002 年版

周文玖:《史学史导论》,学苑出版社 2006 年版

附录一　中华民族的家谱：廿四史漫谈

　　中国是一个史学传统悠久、史学遗产极其丰富的国家。四大文明古国，只有中国的文明，从来没有中断过。究其原因，就是中国的历史记载从来没有中断。对此，中西哲人都表达了由衷的赞叹。黑格尔说："中国'历史作家'的层出不穷，继续不断，实在是任何民族所比不上的。"[1]"中国人具有最准确的国史。"[2]梁启超也说："中国于各种学问中，惟史学为最发达。史学在世界各国中，惟中国为最发达。"[3]而最能体现中

---

[1] 黑格尔著，王造时译：《历史哲学》，第 123 页。

[2] 黑格尔著，王造时译：《历史哲学》，第 167 页。

[3] 梁启超：《中国历史研究法》，《饮冰室合集》专集之七十三，第 9 页。

国史学的连续性和丰富性的，莫过于至今保存完备的廿四史。廿四史是中国历史的总记录，是研究中华民族历史发展的资料库。

（一）廿四史——中华民族的家谱

廿四史，也称二十四史，就是二十四部史书，它们是《史记》《汉书》《后汉书》《三国志》《晋书》《宋书》《南齐书》《梁书》《陈书》《魏书》《北齐书》《周书》《隋书》《南史》《北史》《旧唐书》《新唐书》《旧五代史》《新五代史》《宋史》《辽史》《金史》《元史》《明史》。廿四史共有 3229 卷，约 4700 万字。从第一部《史记》记载的上限黄帝算起，到最后一部《明史》记述的下限崇祯十七年（1644 年）为止，记述中国历史亘续4000 多年。这些史书，除了《史记》是完全的通史，《南史》《北史》是将几个断代连续起来的通史，其余都是皇朝断代史，即完整地记述一代皇朝之始末。断代史首尾衔接。这样，中国从黄帝以来的历史，均有文字记述。特别是这些史书的本纪部分，具有编年的特点，在全书起到提纲挈领的作用。唐朝的刘知幾说："纪之为体，犹《春秋》之经，系日月以成岁时，书君上以显国统。"[1] 就是说，本纪是以皇帝为中心的编年，不可避免地带有帝王家谱的特点，但实事求是地说，在封建社会，皇帝是国家的最高首脑，以他为中心进行编年，也是反映皇朝历史之进展的必然选择。将二十四史的本纪连接起来，中国历史的编年记事可以说极其完备。

1902 年，梁启超发表一篇揭开中国现代史学序幕的著名文章，名曰《新史学》。在该文中，梁启超激烈地抨击了封建史学的弊病，矛头直指廿四史："二十四史非史也，二十四姓之家谱而已。""若二十四史，真可谓地球上空前绝后之一大相斫书也。"[2] 在破旧立新时代，对传统的东西往往否定过头。梁启超的批评，亦是如此，把廿四史说得简直一无是处。晚年，梁启超自知其失，遂改变原来的观点，对廿四史的价值又作了许多肯定。但他早年的批评，对后人影响巨大，导致不少人有轻视廿四史的倾向。与他同时代的章太炎，在民族危亡之际，强调读史的重要性。他说："一国之历史正似

[1] 刘知幾：《史通·本纪》，浦起龙《史通通释》，第 37 页。

[2] 梁启超：《新史学》，《饮冰室合集》文集之九，中华书局，1989 年版，第 3 页。

一家之家谱，其中所载尽以往之事实，此事实即历史也。若一国之历史衰，可占其民族之爱国心亦必衰。"他不赞同否定传统史学，指出廿四史是中华民族的家谱，要爱自己的国家、自己的民族，就必须熟习自己国家的家谱："欲为国效力，这本老家谱是非研究不可。"[1]

（二）正统与正史——廿四史的产生

廿四史是到清朝才出现的称谓。最早出现的名称是"三史"，指的是《史记》《汉书》《东观汉记》。《东观汉记》是东汉官修史书，修撰时间历时 100 多年，但到唐朝中期以后，逐渐亡佚，于是"三史"的内涵出现了变化。中唐以后的"三史"，一般是指《史记》《汉书》《后汉书》。从魏晋以至唐朝，三史往往与六经并列，称"六经三史"。这一方面说明此三部史书地位的崇高，另一方面也是史学挣脱经学羁绊、获得独立发展的反映。唐朝有"十三史"的说法，出现了像吴武陵《十三代史驳议》之类的书。"十三史"指的是

---

[1] 章太炎：《论今日切要之学》，见马勇编《章太炎讲演集》，河北人民出版社，2004 年版，第 96—97 页。

《史记》《汉书》《后汉书》《三国志》《晋书》《宋书》《南齐书》《梁书》《陈书》《魏书》《北齐书》《周书》《隋书》。到了宋朝，又有"十七史"之名，如南宋有一个著名史学家吕祖谦就编了一部《十七史详解》。十七史，就是在十三史之外，再加上《南史》《北史》《唐书》《五代史》。清初有"二十一史"之名。顾炎武《日知录》卷十八"监本二十一史"条云："宋时止有十七史，今则并宋、辽、金、元四史为二十一史。"[1] 也就是在前揭十七史之外，加上元朝修的《宋史》《辽史》《金史》，明朝修的《元史》。顾炎武还提到了《旧唐书》，认为"《旧唐书》病其事之遗阙，《新唐书》病其文之晦涩。当兼二书刻之为'二十二史'"。[2] 意思是他主张"二十一史"加上《旧唐书》，合刊为"二十二史"。但顾炎武的"二十二史"建议未被官方认可。乾隆时期出现的"二十二史"称谓，是在顾炎武说的"二十一史"之外，增加清朝官修的《明史》。乾隆朝开四库

[1]　顾炎武著，陈垣校注：《日知录校注》，《陈垣全集》第 15 册，安徽大学出版社，2009 年版，第 1048 页。

[2]　顾炎武著，陈垣校注：《日知录校注》，《陈垣全集》第 15 册，第 1051 页。

馆，修《四库全书》，四库馆臣从《永乐大典》中辑出宋初薛居正等修的《五代史》（为了与欧阳修的《五代史》区别起见，此书称《旧五代史》，欧书称《新五代史》）。不知是出于夸耀自己稽古右文的功业，还是对欧阳修强调夷夏之辨的不满，乾隆皇帝打破了南宋以来一朝一史的成例，下诏将《旧唐书》《旧五代史》加入"二十二史"的行列。于是，"二十四史"由钦定而诞生。二十四史亦写作"廿四史"。廿者，二十也。

1920年，柯劭忞完成了《新元史》。次年，大总统徐世昌明令将《新元史》定为"正史"，与"二十四史"合称"二十五史"。但也有人不同意将《新元史》列入，而主张将《清史稿》列为第二十五史，或者主张将两书都列入正史，于是又有了"二十六史"之名。然而"二十六史"不过是学界的一个说法，没有像"廿四史"那样得到官方的律令式的确认。

廿四史之所以被称为正史，既与这些史书在中国史部书籍的地位有关，也与历代皇朝宣扬正统观念有密切联系。

"正史"之名，盖最早是南朝梁人阮孝绪提出的。他的一本书叫《正史削繁》。此书在《隋书·经籍志》

中被列在"杂史"类，大概属于史抄类的书籍，因其亡佚，具体内容不晓。《隋书·经籍志》首创经、史、子、集四部记述图籍目录，史部分为十三类，第一类就是"正史"，指的是《史记》《汉书》《三国志》等纪传体史书及相关注释之作。此后，刘知幾著有《史通》，内有"古今正史"篇，此"正史"既包括纪传体史书，也包括编年体史书。南宋的晁公武针对《隋书·经籍志》，明确表示不赞同只把纪传体作为"正史"，说："若编年、纪传，则各有所长，殆未易以优劣论。虽然，编年所载，于一国治乱之事为详；纪传所载，于一人善恶之迹为详，用此言之，编年似优，又其来最古。而人皆以纪传便于批阅，独行于世，号为正史，不亦异乎！"[1] 王应麟在《玉海》中首列《古史》，次列《正史》，"以纪传便于阅览，号为正史"。这说明，到南宋末年，对正史如何定义，尚不明确，即使主张正史仅指纪传体史书的观点，也未将正史置于特别推崇的地位。赋予"正史"以特别意义，是在二十四史确立后。清朝修《四库全书总目》，四库馆臣将史部书分为十五类，首列"正

[1]　晁公武撰，孙猛校证：《郡斋读书志校证》，上海古籍出版社，1990年版，第174页。

史"，并对之作了明确的规定："正史，大纲也。""'正史'之名，见于《隋志》。至宋而定著十有七，明刊监版，合宋、辽、金、元四史为二十有一。皇上钦定《明史》，又诏增《旧唐书》为二十有三。近搜罗《四库》，薛居正《旧五代史》得裒集成编。钦禀睿裁，与欧阳修书并列，共为二十有四。""盖正史体尊，义与经配。非悬诸令典，莫敢私增；所由与稗官野记异也。"[1] 由此可见，到乾隆时期，"正史"就成为了专用名词，有了官方规定的意义。它有三个要点：一是它是史部书的纲；二是体尊，纪传体与经书相辅相成；三是它是朝廷钦定的，"非悬诸令典，莫敢私增"。

将"二十四史"视为正史，虽然到清朝才真正地明确下来，但其实唐朝以后的统治者已有这个思想倾向了。唐朝设立史馆，由宰相监修前代史，以后形成制度，即当一个新朝建立的时候，都要修前朝史。修史的目的，一是总结前朝兴亡的经验教训，再一个是通过书写历史，来宣布自己的胜利，证明本朝的合法性，其手法就是运用"正统"论。修撰史书，首先要

---

[1] 永瑢等撰：《四库全书总目》，中华书局，1965 年版，第 397 页。

确立以谁为正统的问题。东晋习凿齿首先明确提出正统论，唐朝韩愈又提出道统说，把周公、孔子以来的儒学传递，列出一个系统。南宋朱熹把道统与正统融合起来，在历史编撰中把正统问题提到更高的层次。唐朝以后的封建皇朝，对修史工作都是很重视的。一般是皇帝特下诏书，明确正统，委派宰相监修。修成的史书遂成为钦定近代历史教科书，并且排挤前朝的同类史书。朝廷牢牢掌握修史大权，禁止民间私修国史。这样，一朝一史的局面逐步形成。"正史"也因此被打上了官方的色彩。

（三）纪传体——廿四史的体裁

廿四史都是用纪传体体裁写的。纪传体是司马迁创立的。司马迁的《史记》包括本纪、世家、列传、书、表五个部分。五部分相互配合，构成一个有机整体。班固写《汉书》，将"世家"并入"列传"，改"书"为"志"。于是，《汉书》就变成了四个部分，即本纪、列传、志、表，这使得纪传体史书更加严整。《汉书》成为皇朝断代史的范本。然而，此后的正史并不是每一部都由这几部分构成。有的有志而无表，有的表、志全无，有的用"载记"写少数民族政权。但无论如何变化，本纪和列传都是具备的。因此，这种体裁被称为纪传体。

关于纪传体史书的优点，刘知幾评论说："纪以包举大端，传以委曲细事，表以谱列年爵，志以总括遗漏，逮于天文、地理、国典、朝章，显隐必该，洪纤靡失。此其所以为长也。"[1] 这说的是纪传体史书各部分能够相互配合，相互补充，能够做到大小史实，记载无遗。也就是说，记述的内容丰富、包容量大，是这种体裁的最大优势。当然，它的缺点也是显而易见的，就是不能集中叙述一个历史事件的完整过程，如刘知幾所批评的："同为一事，分在数篇，断续相离，前后屡出。"[2] 但与其优点相比，缺点还是次要的，历代正史之所以采用纪传体，除了它能够显示"正统"、表现统治者的意志之外，包容量大是根本原因。这是曾经激烈批评廿四史的梁启超晚年也不能不承认的。梁启超说："纪传体的体裁，合各部在一起，记载平均，包罗万象，

[1] 刘知幾：《史通·二体》，浦起龙《史通通释》，第28页。

[2] 刘知幾：《史通·二体》，浦起龙《史通通释》，第28页。

表以收复杂事项，志以述制度风俗，本纪以记大事，列传以传人事，伸缩自如，实在可供我们的研究。我们不能因近人不看志表，也骂纪传体专替古人做墓志铭，专替帝王做家谱。"[1] 近代以来，撰写历史一般用章节体，这种体裁综合叙述历史的发展变化有其优势，但表现历史的方式比较单一，历史的丰富性，特别是历史人物的活动难以展现。所以，有的学者就从中国传统的纪传体中汲取营养，将章节体与纪传体结合起来，创立了新综合体。著名史学家白寿彝主编的大型《中国通史》就是这样做的，获得学界的广泛赞誉。

（四）基本史料——廿四史的价值

廿四史中，像《史记》《汉书》《三国志》《后汉书》《新五代史》，虽然其作者写作时得到朝廷的允许，甚至利用了官方的图籍，但都带有私修的特点。其余的正史，或出自史馆馆臣之手，或得到皇帝的诏书谕旨而修纂，或完成后获取朝廷的承认，都属于官修之作。

---

[1] 梁启超：《中国历史研究法补编》，《饮冰室合集》专集之九十九，第157页。

廿四史的质量参差不齐。一般说来，前四史写得好；在官修正史中，《明史》修得较好。历史上，遭到批评最多的正史是北齐时魏收撰写的《魏书》和明朝修的《元史》。

魏收在封建时代就被历代史学评论家攻击、批评，说他"品德"差，所写的《魏书》是"秽史"。明朝初年修《元史》，用时很短，两次开馆时间加起来，不足一年。出现一人两传，两人混一，人名、地名的汉译多不统一等情况。所以清朝不断有人纠正《元史》的错误，补充它，甚至提出重修《元史》。但无论人们如何批评这两部正史，它们的史料价值却是其他史书无法替代的。《魏书》记述了中国北方鲜卑族拓跋部自4世纪后期至6世纪中期的历史，也是第一部少数民族皇朝史，其中《官氏志》《释老志》尤其具有创新意义。唐初史学家们在讨论修前朝史时，已经承认了《魏书》的地位，认为"它已为详备，遂不复修"。《元史》修撰所据文献，如《十三朝实录》《经世大典》《国朝名臣事略》以及当时尚存的档案、文书等，明以后大多亡佚，赖《元史》才得以存其精华，其价值同样不可低估。官修史书尽管有其缺点，但它的资料优势往往是私家著述难以企及的。遭到批评最多的《魏书》《元史》的史料价值尚且不可否定，其他官修史书的价值就更不用说了。"五四"以来，有些新历史考据学派的学者追求新史料，把是否运用新史料作为治学能否跟上潮流的重要指标，重野史，轻正史。还有人甚至提出不看二十四史，把二十四史扔到茅厕去，这样的观点显然带有片面性。吕思勉说："正史之所以流传至今，始终被认为正史者，即由其所包者广，他书不能代替之故。"[1] 严耕望也说："所谓基本材料书，最主要的是指专题研究所属时代的正史，不管它写得好不好，它总是比较包罗万象，什么东西都有，这是正史体裁的好处。"[2] 吕思勉史学成就很大，被誉为20世纪中国史学界的"四大家"之一，据说他一生把二十四史从头到尾地阅读过三遍。严耕望的学术成就，令人景仰，他介绍自己的治学经验时说："我个人治史的路线也是从一般普通史料入手，虽然我征引史料除正史、政书、地志之外，涉及诗文、石刻、佛藏、杂著等相当广泛，

---

[1]　吕思勉：《从我学习历史的经过说到现在的学习方法》，《吕思勉论学丛稿》，上海古籍出版社，2006年版，第584页。

[2]　严耕望：《治史三书》，上海人民出版社，2011年版，第18页。

也偶引新史料，但真正基础仍然建筑在正史上。"[1]

要而言之，廿四史中虽不免存在糟粕，但从总体上说，它们毕竟是认识、研究我们国家古代历史的基本材料，是中华民族文化遗产的瑰宝。

附：廿四史列表

书名	作者	卷数	结构	备注
史记	（西汉）司马迁	130卷（篇）	本纪12卷 表10卷 书8卷 世家30卷 列传70卷	《史记》原名《太史公书》（亦有称《太史公记》《太史公》《太史记》者），是中国历史上第一部纪传体通史，从传说中的黄帝一直记到其汉朝当世。略古详今是其重要特点之一。卷130《太史公自序》说："凡百三十篇，五十二万六千五百字。"说明司马迁已经完成此书。西汉宣帝时，司马迁外孙杨恽将之公布问世，十篇有录无书。此后以至东汉，不少人补《史记》，其中以褚少孙、班彪成绩最大。《史记》虽有缺篇之憾，但经过补撰，仍堪称完书。

---

[1] 严耕望：《治史三书》，第22—23页。

续表

书名	作者	卷数	结构	备注
汉书	（东汉） 班固	100卷 （篇）	纪12卷 表8卷 志10卷 列传70卷	《汉书》百卷，后人作注，鉴于有的篇幅太大，析为子篇。故今《汉书》是120卷。《汉书》完整地记载了西汉历史，是皇朝断代史的杰作。表、志往往突破断代局限，反映了作者上下洽通、详而有体的撰述旨趣。《汉书》对《史记》有承袭、有改作。在体裁上，将"世家"并入"列传"，改"书"为"志"。《汉书》的《天文志》、八表是班固的妹妹班昭及班昭弟子马续在班固死后完成的。
后汉书	（南朝·宋） 范晔 （西晋） 司马彪	120卷	纪10卷 列传80卷 志30卷	今《后汉书》纪、传90卷，系范晔撰写；志是取自西晋司马彪撰写的《续汉书》志30卷。共120卷。范晔撰《后汉书》，原计划写志十卷，因入狱而没有完成。范晔的《后汉书》和司马彪的志，宋朝以前单行，宋真宗乾兴元年后，方合为一书刊刻。

续表

书名	作者	卷数	结构	备注
三国志	（晋）陈寿	65卷	《魏书》30卷《蜀书》15卷《吴书》20卷	三国指魏国、蜀国、吴国。《三国志》把三国分成三书——《魏书》《蜀书》《吴书》。以魏主为帝纪，蜀、吴二主虽以传名而实为纪体。《三国志》没有志、表，不免遗憾。全书的纪年、称谓，反映了作者的正统观，以及总揽三国全局的历史见识和编纂上的精妙布局。陈寿以"史才"见称。南朝宋人裴松之有《三国志注》。
晋书	（唐）房玄龄、褚遂良等	原132卷，现存130卷	帝纪10卷志20卷列传70卷载记30卷叙例1卷（佚）目录1卷（佚）	《晋书》叙事从司马懿开始，至刘裕取代东晋为止，记载了西晋和东晋的皇朝史，并以"载记"的形式记述了北方割据政权"十六国"的历史。《晋书》以臧荣绪《晋书》为蓝本，兼采诸家晋史及笔记、小说、文集、杂史等。唐太宗写了宣帝纪、武帝纪的史论及陆机传、王羲之传的后论。故全书曾经题为"御撰"。

书名	作者	卷数	结构	备注
宋书	（南朝·梁）沈约	100卷	帝纪10卷 志30卷 列传60卷	《宋书》记事起于东晋安帝义熙之初，终于宋顺帝升明三年（479），沈约依据何承天、徐爰等人的旧作补充修订，先完成的纪传。其八志30卷是沈约后来续成的。其中天文、律历、五行、州郡是在前人旧稿基础上写成，礼、乐、符瑞、百官系沈约新撰。由于同时或稍后有关刘宋一代的史书都已亡佚，沈约所修《宋书》的史料价值就显得更加可贵。
南齐书	（南朝·梁）萧子显	60卷（现存59卷）	纪8卷 志11卷 传40卷 序录1卷（佚）	《南齐书》记述了南朝萧齐皇朝23年的历史。萧子显《南齐书》多取材于檀超、江淹等人的书稿。他们的稿子没有流传下来。关于南齐的最早的史书，现存的只有《南齐书》。萧子显以当代人记当代史，故《南齐书》保留了一定数量的比较原始的史料。

书名	作者	卷数	结构	备注
梁书	（唐）姚思廉	56卷	纪6卷 传50卷	《梁书》记述梁武帝建立梁朝（502）至梁朝灭亡（557）56年的历史。《梁书》及下面的《陈书》均为姚思廉所撰，是唐初"五史"中的二史，魏徵是监修官，故《梁书》《陈书》本纪部分和《陈书皇后传》后面有魏徵的史论。姚思廉的父亲也是史官，在陈、隋参与修撰梁、陈两朝史，未成书而殁。姚思廉是在其父旧稿的基础上完成的《梁书》和《陈书》。关于梁、陈两朝的早期历史著作都已失传，《梁书》《陈书》就成为现存的比较原始的记载。
陈书	（唐）姚思廉	36卷	纪6卷 传30卷	《陈书》记述陈武帝建立陈朝（557）至陈朝被隋所灭（589）33年的历史。

续表

书名	作者	卷数	结构	备注
魏书	（北齐）魏收	130卷	纪12卷 传98卷 志20卷	《魏书》记载了公元4世纪末至6世纪中叶的北魏之历史。作者魏收的传记，在李百药《北齐书》卷37。《魏书》十志包括天象志、地形志、律例志、礼志、乐志、食货志、刑罚志、灵徵志、官氏志、释老志。其中官氏志、释老志是魏收创立的。
北齐书	（唐）李百药	50卷	纪8卷 传42卷	《北齐书》记载了公元534年前后北魏分裂，东魏政权建立，中经550年齐代东魏，到557年齐亡为止的皇朝兴亡史。为与萧子显所撰《齐书》相区别，李百药所撰《齐书》被称作《北齐书》。《北齐书》是李百药在其父李德林《齐书》基础上参考王劭《齐志》扩充而成。原书亡佚严重，今传本只有十七卷是李百药的原文，其余都是后人根据《北史》及唐人的史抄中的相关记事所作的补文。

书名	作者	卷数	结构	备注
周书	（唐）令狐德棻等	50 卷	纪 8 卷 传 42 卷	《周书》记述断限从公元 534 年东西魏分裂至 581 年杨坚代周。列传不仅包括皇后传，还设置类传，如儒林传、孝义传、艺术传、异域传。
隋书	（唐）魏徵等	85 卷	纪 5 卷 志 30 卷 传 50 卷	《隋书》十志 30 卷。《隋书》的志并非仅为隋朝典章制度之记述。《隋书》的《志》亦称《五代史志》，因唐初所修的"五史"——梁、陈、齐、周、隋均无志，故唐太宗贞观十七年下诏修志。令狐德棻、长孙无忌先后监修，书成，附于《隋书》而行。于是《隋书》由 55 卷变为 85 卷。

续表

书名	作者	卷数	结构	备注
南史	（唐）李延寿	80 卷	纪 10 卷传 70 卷	《南史》起公元 420 年，终公元 589 年，记述南朝宋、齐、梁、陈四朝 170 年的历史。李延寿的父亲李大师也是史学家，曾在隋末农民起义窦建德建立的政权中任职，被唐朝流放过。李大师计划仿照《吴越春秋》，采用编年体，撰述贯通的南朝史和北朝史，没有成书。李延寿在李大师的基础上，改用纪传体，删节《宋书》《南齐书》《梁书》《陈书》《魏书》《北齐书》《周书》《隋书》，又补充了一些史料，完成《南史》《北史》。两书经唐朝政府批准流传，唐高宗李治曾亲自为之作序。该序亡佚于宋代。李延寿参加过《隋书》纪传、十志和《晋书》的修撰，还参与编修唐朝的"国史"，著有《太宗正典》。新、旧《唐书》均有其传。

书名	作者	卷数	结构	备注
北史	（唐）李延寿	100卷	纪12卷 传88卷	《北史》起公元386年，终公元618年，记述北朝魏、北齐（包括东魏）、周（包括西魏）、隋四个皇朝共233年的历史。
旧唐书	（五代·后晋）刘昫等	200卷	纪20卷 志30卷 传150卷	原称《唐书》，后来为了与北宋欧阳修、宋祁等人编撰的《新唐书》相区别，故称之为《旧唐书》。该书修撰历时四年多，原来由宰相赵莹监修，他在组织人员、收集史料、确定体例等方面，提出了很多建议和规划。以后的宰相桑维翰、刘昫相继担任监修。在具体编撰时，张昭远、贾纬等人出力甚多。书成，恰是刘昫监修之时，由他奏上，故题"刘昫撰"。《旧唐书》的作者距离唐代较近，保存史料丰富，史实叙述得比较详细。司马光《资治通鉴》的唐纪部分，多采用《旧唐书》。

续表

书名	作者	卷数	结构	备注
新唐书	（宋）欧阳修、宋祁	225卷	本纪10卷 志50卷 表15卷 列传150卷	《新唐书》先有宋祁撰写列传。志、表完成于列传之后，分别由范镇、吕夏卿负责编写。欧阳修后来参加《新唐书》的编修。据说本纪十卷，志、表的序，以及《选举志》《仪卫志》等，是欧阳修写的。《新唐书》最终是在欧阳修的主持下完成的，许多地方反映了欧阳修的历史观。
旧五代史	（宋）薛居正	150卷	梁书纪、传24卷 唐书纪、传50卷 晋书纪、传24卷 汉书纪、传11卷 周书纪、传22卷 世袭列传2卷 僭伪列传3卷 外国列传2卷 志12卷	原称《五代史》或《梁唐汉晋周书》，修于宋太祖开宝六年（973）四月至七年闰十月。薛居正监修，卢多逊、张澹、李昉等同修。为与欧阳修所修的《五代史记》相区分，该书称《旧五代史》。原书亡佚，现行本是清乾隆四十年时的辑本。《旧五代史》编撰者大都是五代历史的亲身经历者，见闻较近，故该书保存了比较丰富的原始资料。北宋时期，新、旧《五代史》并存。金章宗泰和七年（1207）明令"削去薛居正《五代史》，止用欧

书名	作者	卷数	结构	备注
旧五代史	（宋）薛居正	150卷	梁书纪、传24卷 唐书纪、传50卷 晋书纪、传24卷 汉书纪、传11卷 周书纪、传22卷 世袭列传2卷 僭伪列传3卷 外国列传2卷 志12卷	阳修所撰"。到元代，《旧五代史》就逐渐不行于世。清乾隆年间编《四库全书》时，馆臣邵晋涵等从《永乐大典》中辑录排纂，再用《册府元龟》《资治通鉴考异》等书引用的《旧五代史》进行补充、校核，大致恢复其原貌的十之七八。
新五代史	（宋）欧阳修	74卷	本纪12卷 列传45卷 考3卷 世家及年谱11卷 四夷附录3卷	《新五代史》记载了自后梁开平元年（907）至后周显德七年（960）共53年的历史，属于欧阳修私修之作，历时18年。在编撰体例方面，《新五代史》与《旧五代史》的一朝一史不同，它打破朝代界限，把五朝的本纪、列传综合在一起，依时间的先后进行编排。列传分为各朝之《家人传》《死事传》《一行传》《杂传》等。欧阳修往往采用小说、笔记之类的记载，并补充了《旧五代史》中所没有的一些史实。就史料价值而言，新、旧《五代史》可以互为补充。

续表

书名	作者	卷数	结构	备注
辽史	（元）脱脱等	116卷	本纪30卷 志32卷 表8卷 列传45卷 国语解1卷	《辽史》记载了辽自立国至灭亡200多年的历史（907—1125），并兼叙辽以前契丹族和辽末耶律大石建立的西辽之历史。元朝议修辽、金、宋三史，长期争议不决。直到元末至正三年（1343），脱脱任纂修三史的都总裁，决定三史"各与正统，各系其年号"，方解决义例问题。《辽史》是由廉惠山海牙、王沂、徐昺、陈绎曾四人分撰，以耶律俨《实录》、陈大任《辽史》为基础，参考《资治通鉴》《契丹国志》及各史《契丹传》等，稍加修订编排，历时11个月完成。
金史	（元）脱脱等	135卷	本纪19卷 志39卷 表4卷 列传73卷	《金史》记载了女真族建立的金朝兴亡之历史。脱脱任都总裁官时主持修撰，修成时，脱脱罢相，由新相阿鲁图继任都总裁官奏上。在参加修撰《金史》的史官中，欧阳玄贡献最大。《金史》修撰所依据的材料比较充分，是元修三史中修得较好的

书名	作者	卷数	结构	备注
金史	（元）脱脱等	135 卷	本纪 19 卷 志 39 卷 表 4 卷 列传 73 卷	一部。《金史》的史料主要有《金实录》，以及元末文人元好问的《中州集》《壬辰杂编》，刘祁的《归潜志》等。
宋史	（元）脱脱等	496 卷	本纪 47 卷 志 162 卷 表 32 卷 列传 255 卷	《宋史》卷帙在廿四史中最为繁浩。该书修撰时间是从至正三年（1343）四月到至正五年（1345）十月。参与撰写的史官有欧阳玄、李好文、王沂、斡玉伦徒等 23 人。其记事上自后唐天成二年（927）宋太祖赵匡胤出生，并对其先世作了追溯，下至南宋赵昺祥兴二年（1279）南宋灭亡。内容包括北宋、南宋皇朝兴衰史，以及两宋与辽、金、西夏、元的和、战关系，两宋与其他少数民族政权、外国的经济文化交往等。《宋史》列传记了 2000 多人，在正史中首屈一指，志的分量在廿四史中也是独一无二的。《宋史》有粗疏、庞杂的缺点，但保存了丰富的资料，有的纪传还写得堪称精彩。

续表

书名	作者	卷数	结构	备注
元史	（明）宋濂、王祎	210卷	本纪47卷 志58卷 表8卷 列传97卷	《元史》记载了元朝的兴亡历程，上自成吉思汗，下至元顺帝北遁。《元史》是明朝初年官修的前朝史，以李善长为监修，宋濂、王祎为总裁，赵埙等16人为纂修，于洪武二年（1369）二月开局编写。第一阶段修成除元顺帝一朝以外的本纪、志、表、列传共159卷，用时六个月。洪武三年（1370）二月重开史局，续修本纪、志、表、列传共53卷，历时五个月。然后合前后二书，"厘分附丽，共成二百一十卷"。由于成书时间短，《元史》也有资料不完备、史事重复、人名地名汉译混乱等缺陷，多为后人所诟病。但其所据的文献，如元朝历朝实录、《经世大典》《国朝名臣事略》《功臣列传》和名臣碑传，以及明初尚存的档案、文书，后来大都亡佚。故其史料价值，绝非此后的续修、重修之作所能取代。

书名	作者	卷数	结构	备注
明史	（清）张廷玉	332卷	本纪24卷 志75卷 表13卷 列传220卷	《明史》是清朝官修的明朝史，记载了明朝自建立到灭亡将近300年的历史。清朝顺治二年（1645）即设立明史馆修明史，但工作进展缓慢，直到康熙十八年（1679）才开始修撰，雍正十三年（1735）《明史》定稿，乾隆四年（1739）刊行。修撰时间如此之长，为官修史书所罕见。多人先后担任《明史》总裁，如徐元文、张玉书、王鸿绪、张廷玉等，最后由张廷玉负责定稿，并呈《上明史表》。参加编撰工作的人很多，其中以万斯同贡献最大。但万氏以布衣身份参与，不担任明史馆的任何职务。《明史》在廿四史中除前四史外，被认为最为精善。名家撰修、资料丰富、时间充裕，应是重要原因。《明史·艺文志》只著录明代人著述，明以前陈编概不录，实

续表

书名	作者	卷数	结构	备注
明史	（清）张廷玉	332 卷	本纪 24 卷 志 75 卷 表 13 卷 列传 220 卷	践了刘知幾的主张，是对历代正史艺文志的重大改革。《明史》的志、表、类传，很能反映明朝政治、社会的特点。《明史》对清兵入关前的建州女真与明朝关系以及清朝建立后的南明政权之史实有意隐讳，这是其明显的缺点。

附录二 回顾与思考：70年来中国史学史学科的轨迹及未来发展

　　2019年是中华人民共和国成立70周年。梳理70年来中国史学史学科走过的道路，既是为了纪念这个特殊的年份，也是以此为契机对本学科作一定意义的总结和反思。史学史本身是一门高度自觉的学科，20世纪末以来，史学史界的同仁们经常进行自我总结和反思。特别是逢国家政治生活需要纪念之年份，这种总结和反思一般比较多。应该说，这是十分必要的，因为史学史学科发展与时代息息相关。纪念主题不同，总结和反思的视角会有差异，但都会从不同的视野增进对自身的认识，进而推动本学科更加有效地进步。

　　对70年中国史学史学科走过的历程，我们可以

划分出四个段落。从新中国建立到"文革"是第一个
阶段，"文革"十年是第二个阶段，"文革"结束到20
世纪末是第三个阶段，21世纪以来至今是第四个阶段。
下面依次概述这几个阶段的成就和特点，并就未来学
科发展提出自己的思考。

（一）第一阶段：沉寂、兴起及初步发展

　　1949年10月1日，中华人民共和国成立。无论
是对中国而言，还是从世界历史的高度来看，这都是
一个伟大的历史开端，中华民族从此迈向一个崭新的
时代。政治、经济、学术、社会生活等等，无不进入
开辟新时代的洪流。作为在民国时期初步建立起来的
一门专史，中国史学史也将在新的时代重新寻求自己
的位置和前进的方向。

　　在第一个阶段的前五年，也就是自1950年至
1954年，中国史学史的研究几乎是空白。这点从中国
史学史论著索引能够清楚地反映出来。对于这种情况，
杨翼骧先生的回忆可以把我们带回那个历史场景，从
中不难悟出其中的原因。杨先生说：

1950 年，我认识了对中国史学史这门学科作出重要贡献的老前辈金毓黻先生。金先生那时已自外单位调任北京大学文科研究所教授，与史学系的教师在一起学习马列主义，讨论思想改造问题，因开会频繁，时常见面。他虽年逾花甲，但学习积极，每次发言都认真检查自己，态度诚恳，深为大家所敬重。有一次散会后我悄悄问他："先生还研究史学史吗？我过去没有机会做您的学生，今后能向您请教有关史学史的问题吗？"他说："我们现在要紧的是学习马列主义，改造旧思想，业务上的事情将来再说吧，况且我已多年不研究史学史了。"[1]

---

[1] 宁泊（姜胜利）：《史学史研究的今与昔——访杨翼骧先生》，《史学史研究》1994 年第 4 期。按：1997 年 10 月，笔者曾到南开大学杨翼骧先生寓所拜见过杨先生，彼时笔者正师从瞿林东先生读博士研究生，参与河北教育出版社出版 "20 世纪中国史学名著" 的编纂工作（编纂工作委员会主任为瞿林东先生），该丛书收金毓黻著《中国史学史》。该书的出版联络、版本选择、新式标点等事宜恰归笔者负责。这次出版的金著《中国史学史》，以金氏 1957 年修订本为底本，将其删去的 1944 年版本的第十章 "最近史学之趋势" 及 "结论" 附在后面。记得当时曾向杨先生问了这样的问题："金先生在修订本删去第十章是不是出于谨慎？"杨先生表示肯定，他说，金毓黻先生为人非常谨慎，在那次谈话中，金先生最后还说了一句："研

可见新中国成立初期还没有研究史学史的适宜条件。所谓没有"适宜条件"，主要是在社会转型初期，整个历史学在基础理论和研究方法上都在经历一场深刻的改造，处于小众学科的史学史研究一时未遑开展。变化发生于 1955 年，这年是传统说法的司马迁诞生 2100 周年，郭沫若发表《"太史公行年考"有问题》，并引起了争鸣。侯外庐、卢南乔以及苏联史学家雅·沃斯科波依尼科夫均发表纪念司马迁的文章。此后，司马迁及《史记》为学术研究所关注，由此带动了史学史研究开始受到重视。1956 年，《史学译丛》第 2 期发表了苏联《历史问题》杂志社论——《论历史科学史的研究》，这是新中国之后把史学史学科建设提到日程上来的先兆。因为当时中国学习苏联，苏联学者的观点对中国史学界是有重要影响的。该文说："历史科学史（史学史）的目的是：研究许多世纪以来的历史知识的积累过程和历史科学的发生与发展的过程，研究历史科学中各派别的斗争。史学史的任务是：揭明

究史学史，要讲历史观，有危险，我劝你也别搞了。"可见，一些老学者在新中国初期对从事这门学科研究有思想顾虑。

历史科学发展的规律性，表现具体历史环境、阶级斗争和当代的政治、哲学及其他观点对于历史思想的制约性。马克思主义史学史，应该一方面推翻伪造的唯心主义理论，一方面帮助人们了解唯物史观的发生、建立和胜利的规律性。"[1] 文章还评述了苏联史学史研究的状况，存在的问题，阐述了这门学科的重要意义和对待史学遗产应有的正确态度。1956 年 6 月的全国高校历史教材会议，曾强调了史学史的重要性 [2]。金毓黻的《中国史学史》修订本盖是在这种背景下出于对教材的需要由商务印书馆于 1957 年再版的 [3]。

---

[1] 按：该社论原刊于苏联《历史问题》1956 年第 1 期；经郝镇华译、余绳武校，刊于《史学译丛》1956 年第 2 期。《新华半月刊》1956 年 12 期（总 86 期）转载，《苏联历史论文选辑》第一辑（齐世荣、余绳武、李嘉恩等选译，生活·读书·新知三联书店 1964 年版）收录。

[2] 参见白寿彝《史学史工作四十年——在史学史座谈会上的讲话》，《史学史研究》1989 年第 4 期；南炳文：《推动历史学科发展的三十年——郑天挺教授在南开大学》，见封越健、孙卫国编《郑天挺先生学行录》，中华书局，2009 年版，第 213 页；郑嗣仁：《郑天挺教授大事记》，见封越健、孙卫国编《郑天挺先生学行录》，第 539 页。

[3] 笔者 2017 年 7 月 17—18 日在长春参加金毓黻先生诞辰 130 周年纪念会，从长春的朋友处得到金先生赠与友人的书之扉页上用毛笔所写类似识语的照片，由此"识语"可知金先生删掉第十章是出于刘大年的建议。其曰："一九五六年，我计划重印此书，先请刘大

　　新中国建立后中国史学史学科真正兴起的标志是1961年4月召开的全国文科教材会议。这次会议确定编写中外史学史教材。中国史学史教材分两部，一部是中国古代史学史，由北京师范大学白寿彝教授任主编，一部是中国近现代史学史，由华东师范大学吴泽教授任主编。还有一部外国史学史教材，由复旦大学耿淡如教授任主编。此后在全国掀起了史学史学科基本理论问题的讨论热潮，北京、上海、广州、武汉、济南、西安等地都专门召开了研讨会，报纸、学术期刊也大量地刊登史学史基本问题的讨论文章和专题论文。三位主编所在的高校都成立了专门的教研室，编资料、办刊物，积极为编写教材作准备。耿淡如、白寿彝、刘节、汪伯岩、师宁、林迅等先生都发表了论述史学史基本理论问题的专文。对中国史学史上的重要史家或重要史著的研究也开展起来。孔子、《左传》、

年同志鉴定。经其披览一过，告我同意重印，惟指出导言应修正，第十章谈近代史学者应全删，其余各章有关立场观点之不正确者并应订正。翌年，我在病困中，虽照所指各节修改，并经卞君孝萱校订多处，终以仓卒付印，难免粗疏。兹以重印行世，又值病痊，感念大年同志启示之惠，谨志册端，永矢弗爱。一九五八年六月**殷**记。"

司马迁或《史记》、班固或《汉书》、刘知幾或《史通》、《资治通鉴》、郑樵、顾炎武、王夫之、章学诚或《文史通义》、乾嘉学派、梁启超等受到更多的关注，产生高质量的论文[1]。在教学方面，史学史在一些高校中得以恢复，白寿彝、刘节、吴泽、朱杰勤、杨翼骧、陈守实等都在大学内开设此课，并招收了中国史学史专业的研究生或进修教师，为中国史学史学科培养了新中国建立后第一批史学史专业人材。白寿彝教授到"文革"开始前，已经完成了从远古时代到唐朝中叶的中国史学史教材之撰述，内部印行 500 册。史学史学科在 60 年代前期，真可谓朝气蓬勃、云蒸霞蔚。但不可否认，史学史在这一时期也存在弱点：一是政治上"左"的指导思想对学术研究具有直接的影响，史学史研究也不例外，如有些著作和论文过分强调史学史研究必须贯穿阶级斗争理论，带有浓重的意识形态色彩；二是史学界学习马克思主义时间短，又多在政治运动中学习，对马克思主义的掌握和运用，还不够成熟。这二点都反映了时代的局限性，是史学史研究

---

[1] 吴泽先生主编、袁英光先生编选的《中国史学史论集》(上海人民出版社，1980 年版)两册，汇集了这一时期的代表性成果。

的不利因素，应该不断克服。然而，1965 年以后，随着政治运动的不断升级，史学史研究受到更大的干扰，学科的发展趋于停顿。"文革"开始后，从事这门学科教学和研究的教授专家大都挨批受整，有的学者甚至受到严酷的迫害，史学史教学完全瘫痪，研究的热潮一下子冷落了。

这一阶段的中国史学史学科建设，除了上述进展，还有两点值得注意：一是史学史学科重镇的国内格局基本定型，北京师范大学、华东师范大学、南开大学、复旦大学、中山大学、山东大学是当时史学史研究和学科建设最有成绩的高校。尹达先生虽然以考古学著名，但他关注史学史建设，是 1956 年发表《论历史科学史的研究》的刊物《史学译丛》之主编。对新中国的史学史学科建设，他有启动之功。改革开放后他在中国社会科学院创建史学史研究室，招收中国史学史专业的研究生，主编《中国史学发展史》，这些都不是偶然的。二是作为领导者，周扬、翦伯赞的重要作用不能忽视。白寿彝先生高度评价周扬的贡献。他说："在这一阶段里，周扬同志的功劳很大。他没有写过关于史学史的文章和著作，但在史学史工作的开展上起到了很大的推动作用。在 1961 年教育部召开的文科教材工作会议上，他开始把中国史学史和西方史学史作为必须编写的教材提出来，并指定专门的单位、具体的人负责去做。这是史学史工作上的一件大事。"[1] 翦伯赞是文科教材会议历史组的召集人、历史专业教材编审工作组组长，具体负责历史教材工作。他重视史学史教材建设，指定吴泽先生担任《中国近现代史学史》的主编。"1961 年夏天，翦老趁吴泽同志来京之便，于 6 月 27 日下午在民族文化宫专为吴泽同志召开中国现代史学史座谈会，参加者有范文澜、侯外庐、郑天挺、尹达、刘大年、黎澍、白寿彝、周一良、金灿然等著名史学家。翦老在座谈会上说：文学有史，哲学有史，都有史，史学也有史，应该有史学史。"[2]1962 年 4 月，他亲自到上海，组织《外国史学史》编写的讨论会，并提出指导性意见 [3]。他本人撰有《跋〈宋司马光通鉴稿〉》《论刘知幾的史学》等论文。

[1] 白寿彝：《史学史工作四十年——在史学史座谈会上的讲话》，《史学史研究》1989 年第 4 期。

[2] 田珏：《翦伯赞与历史教材编写》，《历史教学问题》1986 年第 1 期。

[3] 同上。

（二）第二阶段：十年停滞

第二个阶段是中国史学史学科建设停滞时期。"文革"十年，对许多知识分子来说，都是痛苦的记忆。各门学科的发展在这十年中受到严重的阻碍，像史学史这样的比较年轻的学科，受到的冲击尤其严重，它在"文革"中实际处于被冻结的状态。但无论如何，这是一个时代，史学史学科发展到今天，也必须经过它。白寿彝先生对这十年的史学史工作这样写道：

> 从"社会主义教育运动"开始，接着又是十年动乱，史学史的研究工作受到严重的阻难。《中国史学史教本》成了某些人向我找麻烦的资料。但也因此，我不得不反复思考我在史学史上提出的论点，对某些论点倒理解得多了一些。[1]

在这时期，历史受到歪曲和编造，史学受到破坏，史学史工作不能正常地进行。但马克思主义史

---

[1]　白寿彝：《中国史学史》第一册，第177页。

学工作者并没有放弃自己的职责，他们在经历各种折磨中在不断提高认识的水平。在十年的恶风恶雨过去后，史学史工作所出现的繁荣，也可说明他们在经受考验后的新的状况。对这十年，我们不应看作历史的空白，我们应该认真地进行总结。[1]

这是一位老史学史专家对这十年中国史学史学科历史的辩证认识。"文化大革命"本身是件坏事，但它使人们经受了考验，使人们在逆境中对问题的思考更加深刻，它为以后更加成熟的史学史研究提供了宝贵的经验和教训，为新的史学史研究热潮的到来积蕴力量、准备条件。

（三）第三阶段：恢复与开拓新局面

第三个阶段的特点是恢复和开拓新局面。"四人帮"垮台后的前两年，即从 1976 年 10 月到 1978 年年底，是国家在徘徊中前进的两年。与其他学科一样，史学史学科在这两年中开始恢复，特别是 1978 年恢复了

---

[1]　白寿彝：《史学史工作四十年——在史学史座谈会上的讲话》，《史学史研究》1989 年第 4 期。

研究生招生制度，第一届中国史学史专业研究生得以入学。进入1980年代以后，中国史学史学科建设进入快速发展的轨道。"文革"前的学术孕育和积累，终于在这一时期释放、结果。十年之内，以"中国史学史"为书名出版的著作亦有近20种之多，举其要者，有朱杰勤的《中国古代史学史》（河南人民出版社，1980年），刘节的《中国史学史稿》（中州书画社，1982年），仓修良、魏得良的《中国古代史学史简编》（黑龙江人民出版社，1983年），张孟伦的《中国史学史》上下册（甘肃人民出版社，1983年、1986年），尹达主编的《中国史学发展史》（中州古籍出版社，1985年），高国抗的《中国古代史学史概要》（广东高等教育出版社，1985年），白寿彝的《中国史学史》第一册（上海人民出版社，1986年），施丁的《中国史学简史》（中州古籍出版社，1987年），陶懋炳的《中国古代史学略》（湖南教育出版社，1987年），周春元编著的《中国史学史》（贵州师大学报编辑部，1989年），邹贤俊主编的《中国史学史纲》（华中师范大学出版社，1989年），吴泽主编的《中国近代史学史》（江苏古籍出版社，1989年）等。此外还有断代或专论性质的史学史著述，如瞿林东的《唐代史学论稿》（北京师范大学出版社，1989年）、周一平的《司马迁史学批评及其理论》（华东师范大学出版社，1989年）等。这些著作可以分为两类。一是成书于"文革"前，到80年代才出版，如朱杰勤、刘节的书基本属于这种情况。一是在"文革"前打下的基础，在已有基础上于80年代探索的新成果。白寿彝先生的《中国史学史》第一册是他1983至1984年新撰的，代表了他的最新思考成果。该书的"叙篇"，对中国史学史学科的基本理论作了系统论述，不仅为作者本人研究中国史学史所遵循，就是对整个中国史学史界亦产生了深远的影响，是新时期中国史学史研究的一座灯塔。吴泽先生主编的《中国近现代史学史》是60年代接受编写教材任务的成果，标志着60年代规划教材——中国近现代史学史的完成。施丁、陶懋炳、邹贤俊是60年代前期跟随白寿彝先生进修的高校教师，瞿林东是白寿彝先生1964年招收的中国史学史专业研究生，他们的中国史学史基础都是"文革"前打下的。老一代和中年一代的史学史著述，均经过了"文革"的沉淀，在80年代春风化雨的环境下，或属于老干发新枝，或属于破土生新苗。80年代对学科建设最重要的事件是在白寿彝先生主持下，全国老、中、青史学工作者聚会北京，开了一次"全国史学史工作座谈会"（1985 年）。参会学者既有西方史学史工作者，也有中国史学史工作者，涉及论题非常广泛，学者们畅所欲言，讨论充分，在理论上特别是在史学史的学科性质、研究内容方面，提出许多新的认识，并从组织上有力地推动了全国史学史工作者的交流和协作。吴泽、杨翼骧主编的《中国历史大辞典·史学史卷》1983 年出版，这是中国史学史第一部专业辞典，对学科建设的规范化具有重要作用。在学术期刊方面，1961 年创刊的《史学史资料》[1]，1981 年改名为《史学史研究》（季刊），楚图南题写刊名，由内部期刊变为公开发行。1987 年创刊的《史学理论》意在以介绍和研究国外史学理论为主。史学理论与史学史学科关系密切，该刊也刊登中外史学史论文。《史学理论》的创办是中国史学界对外开放、重视国外史学思想潮流的体现，也是史学界重视专业理论建设的反映。1989 年，

---

[1] 1961 年 6 月创刊，原名《中国史学史参考资料》《中国史学史资料》，不定期出刊，至 1964 年 7 月停刊，共出 9 期。1979 年复刊，改名为《史学史资料》，出刊 5 期；1980 年出刊 6 期。两年内出刊 11 期。

中华人民共和国成立40周年，周朝民等编著的《中国史学四十年》和肖黎主编的《中国历史学四十年》先后出版，中国史学史的四十年历程和成就在两书中均有总结；白寿彝先生也发表文章——《史学史工作四十年——在史学史座谈会上的讲话》。

　　而进入90年代，中国史学史学科可以说进入了全面创新时期。研究生制度恢复以来，初始几年招收的研究生于80年代毕业，走上教学和科研岗位，经过10年的探索，到90年代进入了学术研究的成熟期。他们日益成为90年代发表和出版中国史学史论文、专著的生力军。胡逢祥、张文建著的《中国近代史学思潮与流派》（华东师范大学出版社，1991年），吴怀祺著的《宋代史学思想史》（黄山书社，1992年）、《中国史学思想史》（安徽人民出版社，1996年），陈其泰著的《史学与中国传统文化》（书目文献出版社，1992年）、《中国近代史学的历程》（河南人民出版社，1994年），谢保成的《隋唐五代史学》（厦门大学出版社，1995年），乔治忠的《清代官方史学研究》（台湾文津出版社，1994年），姜胜利的《清人明史学研究》（南开大学出版社，1997年），王学典的《历史主义思潮的历史命运》（天津人民出版社，1994年）、《二十世纪后半期中国史学主潮》（山东大学出版社，1996年）等都是这种情况的典型反映。90年代中国史学史研究在研究内容上有几个特色：（1）对传统史学理论的研究有了更加自觉的重视，并取得了切实的成就。瞿林东的《中国古代史学批评纵横》《史学志》等著作是比较突出的表现。（2）20世纪史学成为研究热点。这与临近世纪之末、总结一个世纪学术的要求密切相关。对中国史学史学科自身发展史也作了专门系统研究，出现了以此为题的博士学位论文。（3）分支学科的建设取得明显的进展。如史学思想史、历史编纂学、史官制度史、历史文献学史、史学批评史等都出现了专书。（4）研究范围扩大了。如文史关系、经史关系、少数民族史学、史学与社会的互动等受到重视，并有一定的成果。在中国史学通史方面，继续出版新作，如王树民先生的《中国史学史纲要》、瞿林东先生的《中国史学史纲》等。白寿彝先生主编的《中国史学史教本》也在他生命的最后阶段完成定稿。杨翼骧先生编著的《中国史学史编年》完成了前三册（卷）。由于史学史学科建设取得的丰硕成果，其重要地位得到史学界的普遍认可，在 1997 年的学科目录中，史学史与史学理论是一级学科历史学下的八个二级学科之一。

20 世纪 90 年代与 80 年代比较，史学史研究一个重大的变化是意识形态色彩淡化了，特别是对中国近现代史学的叙述，越来越少使用"资产阶级史学""无产阶级史学"等概念了。在经过林甘泉和戴逸等著名史家文章的自我检讨和说明之后，史学史研究的话语系统出现了根本性的转变。林甘泉是重要的马克思主义史学家，他 1996 年在《历史研究》发表《二十世纪的中国历史学》，明确表示不使用"资产阶级史学"的提法。他说："这里我说'近代实证史学'，而不说'资产阶级史学'，是经过一番考虑的。长时期以来，包括我自己在内的许多同志，习惯于把非马克思主义的中国近代史学家称为资产阶级史学家。实际上这种提法是否科学和准确，很值得研究。""学派分野和阶级分野虽然有一定联系，却不能完全画等号，这是我们考察中国近代史学发展的基本线索时，必须实事求是地对待的一个重要问题。"[1] 戴逸时任中国历史学会

---

[1]　林甘泉：《二十世纪的中国历史学》，《历史研究》1996 年第 2 期。

会长，他1998年在《历史研究》发表《世纪之交中国历史学的回顾与展望》，表达了与林甘泉相近的观点。他说："过去，用资产阶级历史学和无产阶级历史学来区别这两个学派，用阶级属性来标识某个学派和某种学说，这未必能十分确切。阶级属性是由经济和政治地位决定的，知识领域里的阶级划分要复杂得多。"[1]他在为河北教育出版社2000年出版的大型丛书"二十世纪中国史学名著"所写的《总序》中再次强调这一点："过去常常用资产阶级史学家和无产阶级史学家区分两代史学家，用阶级属性看待一个学者、一种学术，这并不科学。阶级是由经济、政治等社会地位决定的，知识领域里的阶级划分要复杂得多。很多知识带有普遍真理的性质，各阶级都可以接受。自然科学没有阶级属性，不存在资产阶级物理学、无产阶级物理学。社会科学有所不同，在世界观、历史观上可以判断阶级属性，但其中是否也有与自然科学相同的真理性的知识？历史智慧任何阶级都可以借鉴，不能说这是资产阶级智慧，那是无产阶级智慧……把这种知

---

[1]　戴逸：《世纪之交中国历史学的回顾与展望》，《历史研究》1998年第6期。

识与智慧简单地归纳为资产阶级的或无产阶级的，这种划分方法很不妥当。"[1] 戴逸还谈到了过去不同史学派别的相互影响及学术继承的问题。他说，20世纪前半期的实证史学和马克思主义史学，也有许多重要的相通之点，如进化史观、理性主义、爱国主义、求实精神等。马克思主义史学吸收了实证史学的优点并加以发展。马克思主义学派和其他学派之间有一个相互学习和继承的问题。研究20世纪的中国历史学不能割断学术上的传承和联系，简单地把历史学家们置于相互对立的营垒之中。吴怀祺先生在《历史学百年·总论》中也谈到类似的问题。他说："不能把中国马克思主义史学家与其他史学家的成就完全对立起来；也不能把具有不同学术特点、学术风格，当然也有不同的缺失的马克思主义史学家对立起来，进行褒与贬。"[2]

90年代以后，大陆史学界与港台地区的史学交流逐步开展。香港学者许冠三的《新史学九十年》在大陆学界赢得众多读者，许冠三本人曾受邀到山东大学讲学，

[1] 见《总序》第7页。按：此"总序"置于这套丛书的每部书之首。

[2] 北京市社会科学界联合会、北京市历史学会组织编写：《历史学百年》，北京出版社，1999年版，第71页。

他的治学特点对山东大学的中国近现代史学史研究的影响显而易见。杜维运、逯耀东、雷家骥、张荣芳、戴晋新等台湾学者的中国史学史著述也被引进大陆，得到较高的评价。1998 年 6 月，大陆、台湾和香港三地学者在台湾台中市举行史学史研讨会，大陆学者仓修良、瞿林东、吴怀祺、陈其泰、张广智参加了该次会议，从而开启了两岸三地史学史学科学者的面对面交流。

（四）第四阶段：学科的成熟与思变的焦虑

第四个阶段也就是进入 21 世纪的近 20 年，中国史学史学科的进展主要表现在第三个阶段所规划蓝图的实施和完成，史学史研究的精细化、规范化程度提高了，史学史学科更加专业化。史学史研究的精细和规范化程度的提高，主要体现在论文写作方面。论文要求说明前人研究成果，引用资料、注释要详细而准确。这个阶段，出版了中国史学史的学科史研究专著及学科理论专著，这是史学史学科专业化水平发展到成熟阶段的重要标志。

2000 年、2003 年、2005 年，白寿彝先生、杨翼骧先生、吴泽先生先后逝世。三位先生是新中国以来中国史学史学科的主要开拓者，也是恢复研究生招生制度后最早的博士生导师，为各自学校的学科建设、人才培养以及中国的史学史学科发展做出了很大贡献。三位先生的辞世，标志着史学史学科一个时代的结束。

2000 年 1 月，北京师范大学史学理论与史学史研究中心成立，它是教育部设立的全国普通高等学校人文社会科学重点研究基地，是国家重视史学史学科建设的反映。该基地每年召开的国内史学理论与史学史研讨会和数年一次的国际研讨会，为全国史学史工作者提供了学术交流的平台。基地创办的《史学理论与史学史学刊》影响愈来愈大，成为继《史学史研究》《史学理论研究》之后的又一重要专业刊物。

第四阶段的成果极其丰富，每年上千篇论文，专著层出不穷，难以详细列举。这里仅从研究内容和特点方面作出概括。

（1）研究范围进一步扩大。古代少数民族史学史、佛教史学史、官方史学及修史机制、近现代史学史、史学与经学的关系、中外史学交流等受到更多的重视，产生了可喜的研究成果。

（2）在中国史学史通史、中国史学思想通史、中国历史理论史、断代史学史等方面，均出版了大部头著作。如白寿彝主编的 6 卷本《中国史学史》（上海人民出版社，2006 年），谢保成独立完成的 4 卷本《增订中国史学史》（商务印书馆，2016 年），吴怀祺主编的10 卷本《中国史学思想通史》（黄山书社，2002 年）和 6卷本《中国史学思想通论》（福建人民出版社，2011 年），瞿林东主编的 3 卷本《中国古代历史理论》（安徽人民出版社，2011 年），胡逢祥等著的 3 册本《中国近现代史学思潮与流派》（商务印书馆，2018 年），乔治忠著的 3 册本《清代官方史学与私家史学相互关系研究》（花木兰出版社，2016 年）等。学术分量大大增加了。

（3）在史学史研究的资料建设方面，成就很大。杨翼骧先生编著的《中国史学史资料编年》，在杨先生逝世后经乔治忠、朱洪斌进一步增订，趋于精善完备；龚书铎、瞿林东主编的《中华大典·史学理论与史学史分典》是一部大型类书，门类齐全，涉及文献浩繁；王东、李孝迁主编的《中国近代史学文献丛刊》，利用数字化资源，用互联网检索技术，汇集了大量清末和民国史学文献，为中国近现代史学研究注入了更加丰富的资源。此外,《史通》《文史通义》等经典文献的整理、今释、新编,近现代史家文集(包括日记)的出版,成绩也很值得称道。

(4)史学史研究队伍扩大。除了本专业培养的,还有其他相近专业如从事学术文化史的研究者,也纷纷进入史学史研究的行列。

(5)研究范式多元化。通过史学史专业与其他专业的交融,中国史学与西方史学的比较研究,中国大陆学者与港台学者、外国学者的学术交流,中国史学史研究的手段、范式更加多样了。

由上述这些表现可见,这个阶段的中国史学史研究在四个阶段中取得的成绩最大。但吊诡的是,这20年对史学史研究现状不满的声音最多。大家对如何进行史学史的创新问题不断进行探讨,甚至在探讨中发一些牢骚。此类文章发表得虽然也不少,但真正有建设性意义的并不多见。之所以出现这种一面取得成绩,一面又对成绩不满的情况,我想主要是这一时期分量大的学术成果基本还是第三阶段史学史学科发展规划的实施,研究手段也没有大的变化,给人一种陈陈相因的感觉。有这种感觉虽属正常,但感性大于理性。客观地说，完成第三阶段的史学史规划，没有一二十年的时间是不可能的。在已有的规划和模式下写出花样翻新的学术成果，这本身就是矛盾而不合理的诉求。

在此想简要单独评述一下复旦大学朱维铮先生的中国史学史教研活动。复旦大学在史学史学科方面以西方史学史研究和人才培养享誉国内。这是耿淡如先生奠基、张广智先生发扬光大取得的业绩。在中国史学史学科建设方面，该校长期以来似乎很少参与其他高校的学术活动。尽管朱维铮先生在2004年、2006年的《复旦学报》上发表《史学史三题》《历史编纂学：过程与形态》等颇有新意的文章，但因为他以治历史文选、经学史、思想史名家，他的这些文章被当作他的业余爱好并未受到太多的关注。2012年他不幸病逝。2015年他的学生整理的他的《中国史学史讲义稿》《朱维铮史学史论集》之出版，令人了解到原来复旦大学也有重视和开设中国史学史课程的传统，朱维铮先生是中国史学史战线上的一名老兵。早在1950年代，陈守实先生就在复旦大学讲授中国史学史，1960年朱氏担任陈守实先生的助教，与陈先生共同讲授这门课，"1978年秋，朱先生重返讲台。自此，除在国外访学，朱先生一直主讲中国史学史课程，直到1990年代下半叶"。[1] 从朱氏不断编制、反复修订的中国史学史教学大纲可以看出，他在中国史学史的教学方面确实下了很大的功夫。他不断更新自己的教学讲义，讲课和考试都别具一格。朱氏还长期担任著名经学史家周予同先生的助教，协助周先生编《中国历史文选》，参与整理校点章太炎著作等，历史文献学、思想史均为其专长。他计划撰著一部中国史学史（盖是多人合作）[2]，题曰《中国史学的历史进程》，分三卷，分别是《历史编纂学》《历史观念史》《中外史学的交流和

---

[1] 朱维铮著，廖梅、姜鹏整理：《中国史学史讲义稿·整理说明》，复旦大学出版社，2015年版，第2页。

[2] 邹振环说："当年，张广智和笔者曾被朱维铮委托主持该项目的第三卷，即'中外史学交流史'的相关卷次，可惜由于各种原因，这一中国史学史研究的构想未能完成。张广智的部分构想和阶段性成果汇入其主编的《20世纪中外史学交流史》（北京师范大学出版社，2007年）；笔者也在撰写该项目部分研究成果的基础上，完成了属于中国近代史学交流史的《西方传教士与晚清西史东渐》（上海古籍出版社，2007年）一书。正是循着拓展中国近代史学史研究空间的思路，2017年笔者完成了《20世纪中国翻译史学史》的编纂。"（邹振环：《20世纪中国翻译史学史与近代史学新领域的拓展》，《河北学刊》2019年第2期）

比较》。他对过往的中国史学史著作甚少满意，说道："如所周知，梁启超晚年首倡中国史学应该'独自做史'，并且设计了'做'史学史的四部曲，包括史官、史家、史学的成立及发展、最近史学的趋势。那以后，便出现了'以梁氏之条目'撰写的中国史学史的首出（部）专著。迄今近七十年，在这门学科史的领域里，论著日增，但对史学的诠释，对史学史的编纂思路，有没有从根本上超越梁启超呢？似乎不见得。"[1] 他对自己的这部著述期许很高，然而，除了留下了一些论文和著述设想、大纲，比较成熟的书稿似未出现。他的《中国史学史讲义稿》，有不少精义，但不够系统，元朝以后多阙略不备，也是未完之作。朱维铮先生文字功夫深，不时有思想犀利之论。但也有追求文奇之弊，如一些标题——必须写歪的"正史"、"实录"不实等，自有其表述之妙，但往往不够平实，强化了正史、实录的局限性，而对其价值缺乏应有的肯定，其

---

[1] 朱维铮：《史学史三题》，《复旦学报》2004年第3期。在其《历史观念史：道统、正统和史统——从中唐到前清》中，他也说道："诠解究非历史，柳诒徵的史论，与金毓黻到白寿彝的史学史，跨度已逾八十年，可是研究有长进吗？似又不然。"见氏著《中国史学史讲义稿》，复旦大学出版社，2015年版，第366页。

价值评判不免消极的批评过多，有失全面和客观。"壮志未酬身先殒"，朱氏没有实现其夙愿，的确是史学史界的憾事。但愿他的学术传人，能发现朱氏更多的手稿，并承继其衣钵，完成其未竟的写作计划。

（五）经典史学史与史学史研究范式的多元化

新中国以来的中国史学史是在民国时期史学史建设的基础上进行的。第一个阶段的学科建设，对民国时期的史学史状况不免批评多而肯定少，这是在破旧立新的过程中难以避免的。但那时对民国时期的史学史著述还是注意借鉴的，白寿彝先生1960年代编的《史学史资料》就登载了多种民国时期的中国史学史讲义目录。到第三个阶段，对民国时期的建设成就的认识肯定得就比较多了。如1985年，白寿彝先生在"全国史学史工作座谈会"上指出："旧的总是讲这个人、那个人，这不是写史学史书的体裁。写史学史应该贯通整个历史过程。一家家讲是一个过程，没有这个过程讲不出来，另一方面如果完全按问题写，光知道几个历史观点，最基本的书都不知道也不一定好。所以想把旧的写法同新的想法结合起来写。"[1]杨翼骧先生也高度肯定朱希祖、梁启超的学术贡献，说："首先在大学课堂上讲授中国史学史的，应推北京大学史学系主任朱希祖先生。""梁氏指出的四项内容'最少'应'特别注意'的，而后来的史学史著作却大都没有超出这些内容，而且叙述很不够详细。"[2]从梁启超时代对中国史学史学科的开辟，到白寿彝时代中国史学史学科的繁荣景象，中国史学史已经建立了比较成熟的学科体系。

这里，我想提出一个概念——"经典史学史"，来总结这个学科的理论成就。所谓经典，就是标准和规范。"经典史学史"就是指最能体现史学史学科本质的史学史内容和研究活动。

综合梁启超、白寿彝等先生关于中国史学史学科基本理论的论述，我们对中国史学史的研究内容，可以作出如下概括：

---

[1]　白寿彝：《关于史学工作的几点意见》，《史学史研究》1985年第2期。

[2]　宁泊：《史学史研究的今与昔——访杨翼骧先生》，《史学史研究》1994年第4期。

（1）研究史家、史著（包括史家、史著所涉及的历史理论、史学批评、历史文献学思想、历史编纂学、历史文学）。

（2）研究历代官方历史撰述、史官制度、修史机制（也就是所谓的官方史学）。

（3）研究史学与其他相关学问的关系（史学与经学、玄学、理学的关系，史学与文学的关系，经部书、子部书、集部书所包含的史学思想）。

（4）研究史学与社会的互动（史学思潮、社会对史学的影响、史学对社会的影响）。

（5）研究中外史学交流（中国史学在外国的传播和影响，外国史学在中国的传播和影响）。

需要说明的是，中国史学包括现在中国境内的所有民族的史学，因此，中国境内的各个少数民族，不论是已经被融合的民族，还是现存的少数民族，其史学遗产，都是中国史学史研究的对象。

以上这些内容是自中国史学史学科产生以来，几代史学史工作者逐步形成的共识。在当前史学史研究范式不断多元的趋势下，我认为，可以把这些内容确定为经典史学史的范畴。

提出经典史学史这个概念有什么意义？或者说，为什么要提出这个概念？

（1）正确总结自身学科历史的需要。中国史学史学科从产生至今，有将近百年的历史。在发展过程中，有主流，有支流；有一帆风顺的时候，也有遭受挫折的时候。经过大浪淘沙，在 20 世纪末已经形成了自己完备的学科体系、基本的思维方式、治学路数。它们包含着史学史学科开拓者的心血和创造性成果。随着学科的发展，在此基础上产生新的学科增长点、新的思维范式、新的治学路数将是必然的。提出经典史学史，既是对史学史学科开创者成果的尊重，又表明史学史研究的发展是在固有的基础上进行的。史学史的发展，就如滚雪球，越滚越大。而最初的那个核心雪球，就是经典史学史。

（2）学科发展及创新的需要。进入 21 世纪，学术创新的呼声不断，但有一种倾向，认为史学史研究范式陈旧，没有新鲜感，并把造成这种状况的原因归结于过去的史学史研究路数。我觉得这是不恰当的。史学史研究需要不断创新，但无需把对现状的不满都归结于过去的学术成果及其学术路数上去，不要以为把过去的研究路数一脚踢开，与过去一刀两断，就能够开创史学史研究新局面。我们可以大胆地开创新局面，大胆地引进新的研究方法，吸收其他学科的研究路数和写作方法，但这与尊重已有的史学史路数并不矛盾，既有的史学史路数不是学术创新的拦路虎和障碍物。学术必须不断创新，否则学术研究就没有前途，但学术创新应以尊重已有成果为基础，否则就是空中楼阁；为了创新，把近百年来史学史学科的基本理论推翻和抛弃，这种创新就不是史学史研究了。再者，既有的路数下的学术探索还有巨大的空间，还有许多学术领地没有开垦。经典史学史还具有旺盛的学术生命力。学科发展要处理好继承和创新的关系。提出经典史学史，意在强调创新要在继承的基础上进行。

（3）确立学术标准、学术规范的需要。史学理论与史学史过去是"历史学"这个一级学科下的八个二级学科之一（1997年学科目录）。现在，历史学包括三个一级学科：中国史、世界史、考古学。以往的"史学理论与史学史"现在分成了"史学理论与中国史学史""史学理论与外国史学史"两部分，分属于"中国史""世界史"两个一级学科。但不管怎样，它的学科性质没有变化。20 世纪 80 年代以后，随着中国史学史学科人才培养的增多、高等学校数量的扩大，史学理论与史学史专业得到了很大的发展。现在绝大多数本科院校的历史学专业都设有史学理论与史学史类的课程，招收史学理论与史学史专业研究生的高校也越来越多了，已经不局限于几个著名高校培养史学理论与史学史专业人才了。全国史学史与史学史学科的教研队伍具有了一定的规模。教研队伍毕业自不同的院校，有的是从其他专业转过来的。此外，相近专业如历史文献学、中国哲学史、学术思想史、文化史专业的学者也向史学史专业靠拢、渗透，甚至成为史学史专业的研究生导师。从业人员变得庞杂了，这就需要建立一个学术标准、学术规范。即使有的学者，特别是原来不是这个专业的学者，不认同这个标准和规范，通过提出经典史学史的概念，最起码也能使他们知道史学史经过近百年的发展，有自己的学术畛域，有不同于其他学科的研究对象、研究内容。

近 20 年来，史学史研究的路数可划分为经典派、掌故派、武打小说派、静态派、动态派。如此划分是根据主要的研究特征作出的，并无褒贬之意，而且我也不认为各个范式完全独立、彼此之间毫不融合。

经典派是以梁启超、白寿彝等为代表的史学史开拓者所创建的研究范式。有人把此范式视为正统派，我更愿意称之为经典派，因为其所研究的内容及表现出的特点最能体现史学史学科的本质。这是中国史学史研究的基本范式，是经过几代史学前辈探索的结晶。此范式的特点是通过研究史家、史著、修史机制、史学与其他学科的关系、史学与社会的关系探讨史学成就，揭示史学发展过程，总结史学发展规律。史家传记、著述文本、典章制度史著作是主要材料。对史家、史著的研究包括研究其历史观、历史文献思想、历史编纂学、历史文学等等。

掌故派主要研究学人关系、学人生活、学人的治学生态。档案、日记、书信、回忆录、书评、新闻报道等，是这派治学的主要材料。他们并不看重学者的著述。这派学人的文章具有很强的叙事性，一般通俗易懂，把枯燥的史学史（学术史）写得生动有趣，但往往缺少集中的主题和明确的论点。这种治学路数大概是受西方叙事主义或社会史的影响而产生的。目前在学术界还相当活跃，得到不少年轻学者青睐。

武打小说派就是把学术史写得有类于武打小说，善于揭示和描绘学者或学派之间的对立及斗争，探究学者的心理活动，甚至有一些诛心之论，注重烘托气氛，在揭示矛盾中展示史学的发展过程。这派学者所依据的材料除了掌故派重视的日记、书信、档案等，也涉及学者的论著，但很少大量引用。

静态派主要表现在对文本的研究上，对文本进行结构分析，从死的文本中发掘材料，基本以归纳法进行作业。经典派在研究史学文本时常带有静态派的特点。

动态派主要表现在研究史学现象、史学运行机制等方面。它要求把史学置于社会大背景下，将史学的各种联系以及史学的活动状态写出来。

上述几种范式各有优缺点。但经典派范式是最基本的研究范式，是史学史研究者必须掌握的范式；在此基础上，根据研究对象的需要，吸收其他范式的优长，使史学史研究既不偏离轨道，又从选题到呈现形态不断有所创新，进而形成风格多样、百花齐放的局面，应是中国史学史学科未来发展的趋向。

中国史学史学科要随着时代的发展而不断进步。

70 年的成就是巨大的，但我们在看到成绩的同时，还要清醒地认识到不足。最明显的不足是没有产生诸多具有广泛影响乃至国际影响的经典之作，堪称名著的尚待时间之检验。知不足是向上的车轮，新时代中国史学史学科建设还没有松懈的理由。

关于未来中国史学史的发展，我认为应在以下几个方面着力：一是要不断发掘新史料，不断发现新课题，在深、细方面下功夫。二是要适当地由博返约，在拓展中国史学史研究的基础上，提炼史学理论，将重点转移到著作的质量而不是数量上，写出具有重大影响的经典之作，切实建立起具有中国民族特色的史学史学科体系、学术体系、话语体系。三是要通过研究马克思主义经典著作，提高研究者的理论修养和水平。早在 30 年前，白寿彝先生就提出这个问题，要求重新学习马克思主义，但这一提议似乎没有得到应有的重视。往往是说得多，做得少。当前史学史界的理论思维水平还不够高。要提升中国史学史的层次，这个课非补不可。四是加强对中国史学名著的研读，强化专业基本功。五是借鉴新方法、吸收新观念，重视与他国史学的横向比较。六是要具有世界眼光，加强国际学术交流，使中国史学史学科走向世界。

中国史学史学科经过近百年的建设，已经成为一门高度专业化的学科，在历史学系统中具有举足轻重的地位。但中国史学史学科要不忘初心，就是说，我们不能忘记建设和研究这门学科的出发点和目的。中国史学史是一门专史，但不是普通的专史，它是历史学发展到较高阶段自我批评的产物，是为推动历史学事业而产生的，关系到整个历史学的发展。每一位史学史工作者在从事专业研究时，对此都应保持清醒而开阔的学术眼界。